山西省教育科学"十四五"规划2022年度课题"高校
力培养的混合式教学模式研究"（编号GH-220601）

信息时代下大学英语教学改革与创新探索

祁文锦 著

中国书籍出版社
China Book Press

图书在版编目（CIP）数据

信息时代下大学英语教学改革与创新探索 / 祁文锦著 . -- 北京：中国书籍出版社，2023.10
ISBN 978-7-5068-9585-9

Ⅰ.①信… Ⅱ.①祁… Ⅲ.①英语—教学改革—研究—高等学校 Ⅳ.① H319.1

中国国家版本馆 CIP 数据核字（2023）第 183987 号

信息时代下大学英语教学改革与创新探索
祁文锦　著

责任编辑	吴化强
装帧设计	李文文
责任印制	孙马飞　马　芝
出版发行	中国书籍出版社
地　　址	北京市丰台区三路居路 97 号（邮编：100073）
电　　话	（010）52257143（总编室）（010）52257140（发行部）
电子邮箱	eo@chinabp.com.cn
经　　销	全国新华书店
印　　刷	天津和萱印刷有限公司
开　　本	710 毫米 ×1000 毫米　1/16
字　　数	210 千字
印　　张	12
版　　次	2024 年 1 月第 1 版
印　　次	2024 年 1 月第 1 次印刷
书　　号	ISBN 978-7-5068-9585-9
定　　价	72.00 元

版权所有　翻印必究

前 言

随着经济全球化的发展,国际交流与合作不断扩大,社会对高层次、高素质英语人才的需求也日益增加。社会对英语人才的要求也从理论型、单一型向应用型、复合型以及国际型转换。但现在我国大学英语教学仍存在一些问题,无论是教学方法还是教学手段,都相对滞后于现代教育技术的发展,因此大学英语教学要顺应时代的潮流不断改革。

信息技术的发展,为大学英语教学开辟了新思路,提供了新方法,也提出了新要求。如何有效利用信息技术,推动大学英语教学的改革与创新,成为广大英语教师不得不严肃面对和深入研究的问题。基于此,应进一步探索信息技术在大学英语教学中的应用,力求充分发挥信息技术的优势,提高大学英语教学的效率,促进大学英语教学的改革与创新。

网络的普及和信息技术的发展,使大学英语信息化教学变为可能,也变为必然。然而,信息技术与大学英语教学的融合,并非一蹴而就,驾轻就熟,还需要我们在实际教学中不断地磨合与探索。利用各种先进的教学理念、工具和技术来助力大学英语教学,对于提升大学英语教学质量具有举足轻重的作用。

本书立足信息时代的背景下,对大学英语教学进行改革与创新探索。全书共分为六章。第一章为信息技术与教育信息化概述,分别介绍了信息与信息技术、教育信息化的内涵与特征以及信息技术在教育中的应用三方面内容。第二章为大学英语教学概况,对大学英语教学的内涵解析和理论依据与大学英语教学的要求和原则以及大学英语教学的现状和影响因素进行阐述。第三章是信息技术与英语教学的融合,分别介绍了信息技术与英语教学融合的机遇和挑战、信息技术与英语教学融合的内涵与本质。第四章为信息化背景下大学英语教学模式的创新,第一节为大学英语课堂慕课的应用,第二节为大学英语课堂翻转课堂的应用,第三节为大学英语课堂混合式教学的应用。第五章是信息化背景下大学英语知识技能教学改革,分别阐述了大学英语基础知识教学、大学英语听说技能教学、大学英语读写技能教学以及大学英语翻译技能改革。最后一章为信息化背景下大学英语教学评价的多元化改革，第一节为大学英语教学评价概述，第二节为大学英语教学评价的基本原则，第三节为大学英语教学评价体系的构建，第四节为大学英语教学评价创新路径。

在撰写本书的过程中，作者得到了许多专家学者的帮助和指导，参考了大量的学术文献，在此表示真诚的感谢。本书撰写力争内容系统全面，论述条理清晰、深入浅出，但由于作者水平有限，书中难免会有疏漏之处，希望广大同行及时指正。

作者

2023 年 1 月

目 录

第一章 信息技术与教育信息化概述 ·· 1
    第一节 信息与信息技术 ··· 1
    第二节 教育信息化的内涵与特征 ······································ 26
    第三节 信息技术在教育中的应用 ······································ 35

第二章 大学英语教学概况 ·· 42
    第一节 大学英语教学的内涵解析和理论依据 ······················ 42
    第二节 大学英语教学的要求和原则 ··································· 54
    第三节 大学英语教学的现状和影响因素 ····························· 62

第三章 信息技术与英语教学的融合 ·· 73
    第一节 信息技术与英语教学融合的机遇和挑战 ·················· 73
    第二节 信息技术与英语教学融合的内涵与本质 ·················· 83

第四章 信息化背景下大学英语教学模式的创新 ························ 88
    第一节 大学英语课堂慕课的应用 ····································· 88
    第二节 大学英语课堂翻转课堂的应用 ······························ 103
    第三节 大学英语课堂混合式教学的应用 ··························· 118

第五章 信息化背景下大学英语知识技能教学改革 ···················· 124
    第一节 大学英语基础知识教学 ······································· 124

第二节　大学英语听说技能教学 ································· 139
第三节　大学英语读写技能教学 ································· 149
第四节　大学英语翻译技能改革 ································· 157

第六章　信息化背景下大学英语教学评价的多元化改革 ········ 163
第一节　大学英语教学评价概述 ································· 163
第二节　大学英语教学评价的基本原则 ·························· 171
第三节　大学英语教学评价体系的构建 ·························· 174
第四节　大学英语教学评价创新路径 ···························· 179

参考文献 ·· 183

第一章 信息技术与教育信息化概述

信息技术的发展，为教育包括大学英语教学开辟了新思路，提供了新方法，也提出了新要求。要有效利用信息技术，推动大学英语教学的改革与创新。本章对信息技术和教育信息化进行阐述，包括信息与信息技术、教育信息化的内涵与特征、信息技术在教育中的应用三方面内容。

第一节 信息与信息技术

一、信息概述

（一）信息的内涵

虽然经常能够接触"信息"，但大多数人对于"信息"的认识都是模糊不清的，所以信息究竟是什么？是我们需要探讨的第一个问题。

我们在学习哲学时，遇到越常见的概念和定义，往往越难以去理解和深入认识。比如说"物质""存在"这些司空见惯的词，很难对其准确解释。而"信息"也是如此，如果要你用一句话去定义信息是什么，我想大多数人的脑子里都是一片空白。因为它真的有些抽象，没有明确的选项供我们选择，也不能通过逻辑推理和数学演算得到答案。为了总结概念，我们需要先从另一个视角来看。

目前的学术界对信息有两种理解：一种是信息意味着对某个主体有价值的情报，另一种是"信息"的概念等同于"消息"，一定要包含对主体来说足够新颖的内容和知识。

这些定义都有各自的依据和合理性，可以不必区分哪种更准确，但无论如何，以下两点关于"信息"的描述都是必须明确的：首先，从主观层面来说，信息必须是特定的个体能够接受和利用的，而且能够为其行动提供实际的指导意义；其次，从客观层面来说，信息应该能够描述某种或某些真实事物的客观状况。

此外，还有广泛意义上的"信息"：它应该以"数据"的形式呈现，而且其接收者能够从中获得指定的意义。这种数据必须是经由一定的加工程序处理才表现为特定形式的，能够直接或间接地影响人们的活动（无论是眼下的活动还是未来将要实施的活动），所以拥有实实在在的价值。

如果以人们的日常经验推断，信息应该是有实体性的。比如说，凭借以往接受的教育，或者比如文化（社会）的影响和感召，"信息"这个词给人的第一感觉（或者应该说是"印象"），就是实物性的东西，"相对"的东西。

信息究竟是什么呢？首先，比如人们用语言传递思想，应该可以视为是一种信息。说话就叫传递信息（这个场景或许可以叫作语言信息）。这种语言信息是找不到实体的。其次，还有很多物质都可以传递信息，比如光可以传递信息，或者光本身也是一种信息。另外的还有如电报、电话，凡此种种，不一而足。我们现在明白，能够传递信息的都是由与光同性的玻色子。这些物质应该可以认为都是具有实体性的，与语言信息相对。这种实体性的信息与较早时期或者说与所谓科学的信息观念是有着较大区别的。它们如果与语言信息相比较，则一般可以认为是承载介质有所不同。

语言信息的传递介质不只是空气一种，语言信息与其他的信息都需要人的感观的接受，或者通过中间媒介（比如一些诸如仪器的对象），最基本的信息媒介就是空气。至于其他的形式，比如说量子纠缠或量子信息之类，似乎显得有些神秘了。所谓的量子信息的传递方式如上似乎可归为第二种情况，但是具体到诸如"量子纠缠是否同样需要介质和中转"这种问题，目前还没有非常准确的定论。

至于说信息是如何产生的，前文提到的信息传递介质自身可能就是一种信息，或者介质本身就意味着天然包含的信息。比如说宇宙射线本身就是射线产生的物质发出的，通过这些射线我们可以"观察"射线产生物质的特性等等。关于语言信息的产生，如果具体分析会更加复杂，但本质上也都是大部分人能够理解基本概念的内容。

信息的类型除了前文提到的之外，对于普通人而言，大概还可以总结出一些其他种类，比如感觉信息等。感觉是人接受信息的重要工具或中介物。感觉类信息大概可以归到语言信息之内，当然也要看传递者具体如何阐述，可能最好还是单独作为一类加以梳理。因为现代社会普遍认为，感觉信息同类似语言信息一类的形式相比，也属于特征性比较突出的一类——比如人的眼睛看到的东西的信息是哪里来的，是被看到的东西自身的还是纯粹人脑加工所得的呢？这个大概就是心理学或者哲学范畴内的概念了，且感觉同时又是上述诸信息类型的人体内在的中介物，是所有信息的生成都不能越过的。

机器人存在信息吗？是存在的，因为电路本身是拥有信息的，只要机器人的智脑发出指令就行。有动作的过程必然有信息的产生，信息能改变吗？也是可以的，只要将指令的命令改变一下，动作不一样，就能产生信息的不同反馈，这就是能量改变信息和转换信息的变化，再高级一些就是物质和能量的出现，物质就是从同一种能量出现的，只不过没有信息转换能量和改变能量那么自然。理论上是可行的，但是要大量的实验。

现在如果将这种"实验"简化一下，毕竟从来没有人会知道物质和能量，不能完美地转换，先把缺少的一些材料加入，没有进行物质和能量的转换，这个材料可能是组织性和完整性的物质。对物质有意义帮助的物体，再加上完整的物质结构的指令、反馈，利用实验的优势加入量子罐就完成了。改变物质，加入不同的能量，这是需要一个过程的。产生的物质就是能量转换物质的变化，而且变化不需要进行能量消耗。这就是所谓的信息改变和转换能量、能量改变和转换物质的规律，再进一步，就是空间的作用，由空间限制，进行信息提取，加工和加料，然后改变和转换能量。同理，物质的出现就是进行能量加工、加料然后改变和转化物质。在能量使用方法的操作下，改变和转化出来的物质，就能称为新的事物。这就是物质诞生和变化的原因。

空间对于能量的规律就是：对能量有什么反馈和特点，怎么和物质、信息处理同步。同理，规律也是同一种过程。不包含空间的自然诞生，因为产生很复杂，空间的诞生就是由物体存在的意义和相关环境的存在所决定的。空间的限制是由物体规律的反应所决定的，这两者都是由它们的特点所决定的，特点决定了空间的活动，反馈决定了空间的存在，是必然的，也是自然的。

机器人存在能量吗？答案是存在的，只有把机器人和空间的限制以及生产信号蓄存器（比如指令零件）相结合，才能产生明显的信号运动。这样一来，不冲突的材料就会更加明显，在量子束缚中施加外部场，就能产生能量。信号就是信号，数据就是数据。数据能接收和发射，接收和发射其实是信号分析过来的。物体的反馈和特点会影响系统数据，物体的改变和变化会影响信号运动。同理，能量（比如光能、风能、水能、磁铁能等）还受到环境的气候变化的影响，气候的变化来自能量的反馈，其实是信号运动的源头。在外部气候影响下，环境做出的调整，会造成环境的改变。环境再加上气候的改变，成为现在的科学家关注的焦点，以后的观察还会进一步加强。指令是由信号和数据组成的。信号就是数据，数据就是信号。有了数据和信号，指挥的命令就会形成完善的、有指挥功能的指令。信息的改变和转化能量势必成为客观的存在，也是事实的存在，且拥有依据。

在信息系统工程中，程序员们是这样理解信息的概念的：他们也认同"信息来自数据加工"这样的结论，并根据工作的实际需要将数据视为承载信息的工具，信息则反映了数据的含义。信息的三个基本构成要素包括实体、属性、价值，以事物特征的普遍表现形式呈现在人们眼前，能够为人们做出决策提供参考和帮助。

信息架构是和信息有关的概念中一个非常重要的方面，也是很多人最难以理解的知识点。例如一些刚刚接触设计学科的学生在画思维导图时，经常有这样的困惑：信息架构的思维导图中每个节点的定义是什么？到底该把导航上的文案还是界面上每个元素写在节点里呢？其实，这类疑惑可以用一个很简单的例子来说明：摆放家具的时候，不要考虑冰箱第二层放什么，在整理冰箱食物的时候也不需要去想怎么摆放家具，分两种场合考虑就可以了。不想象事件发生的场所，就不能想象任何方式的事件；不想象哪里发生了什么，就不可能想到对应的地方。因为人在现实生活中的活动必然发生在某个场所，与之相似的，我们在虚拟世界里的活动也必然发生在屏幕的某个界面里。现实世界和虚拟世界是有很多相似之处的。如果我们现实生活场所的设计和摆放有问题，人也很难理解和活动。

在梳理、权衡之后为信息分析安排最方便的结构，就得到了信息结构的排列方式（这时候不用考虑每个层级或框架对应什么样的具体内容）。这在室内设计中称为动线设计，类比于互联网则是导航设计。这其中，数据结构比导航重要。就按目前的信息相关行业发展来说，导航设计直接套用既成模板，一般都不会产生很大的体验问题，只有一些关键信息的结构决定着产品的成败。

导航结构和页面信息的结构并不是一样的，如果用通俗易懂的话解释互联网产品中信息架构的对应知识，信息架构至少包含如下内容：导航结构（类似内部路线和指示牌）、产品的布局结构和功能结构层级（什么功能区在前，什么功能区在后）、内容分类方式（具体某一种内容属于什么性质）、各个功能的命名或标签系统（不同分区的名称）、界面布局（内部的要素放置方式）、搜索功能（不知道导航路线或者内容时向他方求助）。

任何产品都有信息架构，或繁杂或简单。讨论的时候可以大致分为两种来例证：一种是比较简单的信息架构，例如大多 ToC 产品；一种是比较复杂的信息架构，例如大多 ToB 产品、运维类产品、客户关系管理系统、业务支撑系统等。第一种通常称为"轻架构"产品，第二种称为"重架构"产品。轻架构产品需要给用户提供一个简单明了的信息架构，让用户使用方便、体验流畅。轻架构产品不能让用户迷路，不能带来太多的学习成本，面对海量普通用户要做到可用且效率高。轻架构产品可以通过做减法来聚焦。重架构产品需要提供功能完备、结构严谨的信息架构，让用户能通过操作流程使用各个功能。这样的架构会带来一定的学习成本，有些重架构产品甚至需要对使用人员进行培训。重架构产品的用户群体一般比较聚焦。重架构产品很难通过做减法来聚焦，而是需要对海量功能进行合理整合、灵活布局来聚焦核心用户场景。所以对重架构产品，信息框架更难，且更重要。

在信息系统中，存在两个发挥基本作用的术语："信息"和"数据"。数据也是符号的一种，它主要用来反映现实世界中的具体事物（某个指定的对象、状态、事件或行为）的固有特性，借助符合某种意义的组合，能够被记录、用于通信并得到识别。现代人记载数据的方式往往相当多样，按逻辑类型的不同，数据可以大致分为四种：数值型、文字型、语音型和图形图像型。

信息和数据，是影响个体基本判断和社会整体行为的驱动性因素，然而对于这两种因素的概念，可能有些人依然存有不明之处。

信息是带有判断的表达，而数据只是反映事实面目的记录，二者的区别完全不同，虽然我们生活中通常把二者混为一谈。举个例子：但凡有表达"认为""听说"事情如何的（比方说，某教授很优秀），则属于信息的一种；而描述事情具体情况的属于"数据"（比如该教授毕业于何处、执业多少年、获得什么荣誉、执业过程中发生过什么事等）。

对于信息和数据的评价也是有区别的，对于信息通常可以用对与不对来评价,而对于数据通常可用准与不准来打分,信息表达可以完全背离本质,而数据的表达通常只是有偏差。信息本来应该并且可以是充分研究和科学论证后的严谨判断(严谨的信息产生过程起码可以保证大部分信息在一段时间内更高概率的正确性),然而,由于传递信息的主体无需对信息的对错以及由此造成的负面结果承担责任,基于社会的各种主体和个体不同的目的,总会想把各式各样的信息传递到用户面前,由此产生了信息爆炸、信息混乱和信息矛盾,也让信息时代的信息价值大幅度的降低(本来可以更高、更多),而当今时代的数据却远远不够用。人们往往由于缺乏准确的数据来帮助我们评价事务,不得以并且习惯于用信息来代替,导致的结果就是我们被所获得的信息影响甚至主导,造成"赶羊效应"——人群像是一只只羊,而传递出的信息就是那根赶羊的牧鞭。当今信息时代的主要成效是实现了连接,但连接后传递什么质量的信息,那完全只能靠个体们自行掌握了。有人曾用"原料与成品"的比喻来形容数据和信息的关系,两者并不是完全分离的,某人认为某内容属于信息,但该内容对另一个人来说可能就是数据(图1-1-1)。

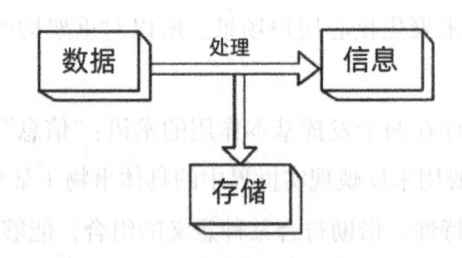

图 1-1-1　数据与信息的关系

(二)信息的变迁

1. 信息定义的变迁

(1)客观世界的要素

哈佛大学的一个研究小组曾给出过著名的资源三角形理论,也就是组成客观世界的三大基本要素——物质、能量、信息,并且他们给出了一个看似十分有说服力的论据:没有物质,什么都不存在;没有能量,什么都不会发生;没有信息,什么都没有意义。

前两点比较好理解,是马克思主义哲学的基本内容,物质是指在人的意识之外独立存在又能为人的意识所反映的客观实在，没有了物质，也无所谓存在与否。而在物理上，我们习惯将物质当作是能量的载体。由爱因斯坦的质能方程足以见得，在某种意义上能量与物质可以统一。

而第三点——没有信息，一切都没有意义，该如何理解呢？此处我们可以回归到生活中，我们在平时的生活中有写日记的习惯，旅游出行时会拍照、写博客，工作时会写工作笔记。而这里的日记、照片、博客、工作记录等，都是现实世界中真实存在的东西，也都是记录信息的载体。但如果这些载体没有保存下来，那么多年后，有谁会知道某人做过什么事情，去过什么地方呢？因此，我们可以确定的是，"信息"的存在的确是有意义的。

首次将信息与物质、能量相提并论的是控制论的创始人——美国科学家诺伯特·维纳。他认为：机械大脑不能像初期唯物论者所主张的"如同肝脏分泌出胆汁"那样分泌出思想来，也不能认为它像肌肉发出动作那样能以能量的形式发出思想来。信息就是信息，不是物质也不是能量。不承认这一点的唯物论，在今天不能存在下去。这位伟大的"控制论之父"在100多年以前就预言了信息的特殊性，这实属不易。而他给信息的定义是"信息是人们在适应外部世界，并使这种适应反作用于外部世界的过程中，同外部世界进行互相交换的内容和名称"。看到"作用""交换"这一类的字眼，可知这个定义里包含了浓浓的"控制论"的味道。在此本书不再深究，下文将要论述的重点并不是维纳，而是另一位比他晚出生22年的、另一学科的奠基人——"信息论之父"克劳德·香农。

（2）信息时代的开启

在相当长的历史时期内，信息的传送方式都没有质的改变，即使提升也有很大的局限性。在古代，传递信息就像是传递物品，要写一封书信或类似的东西赠给某人，就得依赖送信者的奔跑速度，或骑马、航行、放鸽子的速度。所以，发送信息的速度，基本上等同于发送物品的速度，甚至更慢。

19世纪，信息的传递速度开始有了质的飞越，一种神奇的新载体——电流出现了。只要随着铺设好的线路，它能够到达任何地方，最重要的是其速度是以往的任何介质都无法企及的。当时的人们为电流承载信息而发明了许多机器（如塞梅林发明的泡泡字母电讯机），但是，电流传送信息仍面临一个难题：代码过于复杂。

19世纪40年代，塞缪尔·莫尔斯发明了莫尔斯电码。这种代码之所以经久不衰，是因为它的操作和使用非常简单，通过收集长与短的电流脉冲信号，人们可以拼写出英文字母，快速地发送信息。雅卡尔穿孔卡符号与莫尔斯电码使用非常简洁，两者结合起来，变成了电报。

电报又一次显示了信息能从一种形式转换成另一形式的力量。因为莫尔斯等人的努力，信息能留驻在电流中，清晰、快速地传递，完全超乎想象。短短几年，全球布满了电报线路，奠定了现代信息时代的基础。信息，不仅仅限于人类的交流，它还有着更深远的内涵。

詹姆斯·克拉克·麦克斯韦是19世纪伟大的思想家之一，其最重要的理论贡献在于提出了"麦克斯韦妖"设想：一个绝热容器被分成相等的左右两格，中间是由一种机制控制的一扇活板门，容器中的空气分子做无规则热运动时会撞击门，门则可以选择性地将速度较快的分子（温度较高）放入其中一格，将速度较慢的分子（温度较低）放入另一格，这样，两格的温度就会一高一低。随着时间的推移，所有快速运动的热分子，都聚集在左侧，冷分子在右侧。麦克斯韦妖知道容器形状与空间分布，所以可以复刻与原型一模一样的容器信息，不需要任何实物，也不需要能量。

麦克斯韦妖理论的关键是：分子所具有的信息，能够从无序中创造出有序。这个设想与19世纪的热力学思想完全对立。热力学非常清晰地显示，随着时间的推移，无序度（也就是熵）总是在增加，诸物注定会分崩离析。但是麦克斯韦妖似乎暗示人们能够将事物回归原来的有序状态。且无须使用任何能量，仅仅使用信息，就可以创造出有序的状态。好比一个人过世之后，还有照片、录像等生前信息。如果以现在的眼光来看，可能还要考虑虚拟现实技术方面的要素。

当时的人认为，这是一个不可能解决的问题。但麦克斯韦妖说明了"信息的世界"存在的可能性，人们能够在现实世界中造出另一个世界，并在其中模仿所有的现实活动和工作，而这一切需要的仅仅是信息，不需要其他任何物质。同样道理，人们可以在宇宙中创造有序，而不需要能量（很像现在的电子游戏，在没有电脑的1871年，这种虚拟世界的构想已初步建立起来了，不过如今学者们已经证明信息创造与删除也是需要能量的）。当时，科学家们凭直觉判断这是错误的，但这个问题自提出后经过了100多年才得以解答。

一个人为虚构的、仅仅依靠信息就能够完成不可思议复杂任务的装置，真的被制造出来了，这种机器就是如今的电脑。

2. 计算机的想法

计算机科学之父，艾伦·麦席森·图灵在24岁时发表了一篇论文《论可计算数在判定问题中的应用》。因为税务局、银行都请了大量的女性进行计算工作，工业与社会的发展产生了太多的数据，当时唯一的解决方案是"人力计算机"。

图灵的设计出发点是：解计算题时，人脑中发生了什么？计算必须得精确地遵循一组规则，这个规律告诉我们：一个机械流程，不需要思考的过程，因此可以用各种高级函数来替代人力计算。

图灵天才地预见到任何计算都得具有两个要素：数据和用以处理数据的指令。输入计算机数据，就会出现结果。输入新数据，就会出新结果，这种思想被称作通用图灵机（Universal Turing Machine，简称UTM）。要想让计算机做得更多，就得输入更多的指令，以容纳复杂、多层指令来处理任何想象到的信息。拥有巨大的储存器，计算机几乎能够执行无限的任务。

图灵的思想是：给计算机一个长序列指令，就能让它完成众多不同的任务。这是图灵最伟大的遗产，自他论文诞生的那一刻起，图灵的梦想已经实现：计算、摄像、听音乐、电话无须制造功能相应的各种机器，都可以整合到一个设备上，使用简单的指令，整合到一台计算机、一台手机里。

图灵思想的惊人之处在于其不可思议的范围，10101001指令集可以输入给一台电脑，告诉它该如何模拟电话或打字机，它还可以描述大自然的规律、物理定律、大自然的各个进程，甚至整个宇宙大尺度模拟。它揭示了图灵思想的真正威力，指令转换成机器能理解的符号，为我们做的不仅仅是重建图片或声音，而是一个正在变化与发展着的系统与进程。通过操作简单的符号，计算机有能力捕获到自然世界的本质，即：自然世界其自身的秩序。

20世纪中期开始，人类世界迎来了"信息"方面的爆炸性变革。1946年2月14号，世界第一台通用计算机ENIAC在宾夕法尼亚大学诞生，它每秒能进行5000次加法运算，或400次乘法运算，在现在看来可能微不足道，但却是计算机史上的一大里程碑，被永远地记录在了所有计算机通识基础书籍的绪论中。

1947年12月，贝尔实验室的肖克利、巴丁和布拉顿组成的研究小组研制出了一种点接触型的锗晶体管，并对其进行了测试。这是这个世界上最早的实用半导体器件，它能把音频信号放大100倍，可外形却比火柴棍还短。这一发明彻底改变了电子与电信行业，并在70多年后的今天，成为当下绝大多数工科学生的必修课——模拟电路中的三极管。

在10个月后的1948年，贝尔实验室的另一位年轻科学家在《贝尔系统技术学报》上发表了一篇"A Mathematical Theory of Communication"（通信中的数学原理）。当时的人们大概不会想到，这篇短短50多页的文章会成为日后信息论和现代通信领域的奠基之作，而这篇《通信中的数学原理》的唯一作者正是年仅32岁的克劳德·香农。

看到这里，有人可能会联想到四百年前艾萨克·牛顿爵士的那本《自然哲学中的数学原理》。其实，香农就是信息通信领域的牛顿，而现如今通信领域的最高奖也是以"香农"命名。

现代信息时代还需要另外一个思想，一个最终能定论信息性质，能解释宇宙中有序与无序的关系的思想。香农就职于贝尔实验室，贝尔电话公司当时遇到了技术难题：每天，他们在世界各地传送着数量巨大的电讯，但他们没有一个真正的方法来正确地计算信息量，或者说如何量化这些信息。简而言之，贝尔公司的整个商业模式是建立在未能真正了解产品本质的基础之上，但香农解决了这个难题。

1948年香农发表的两篇论文，让含糊而神秘的信息可以被精确地量化管理。他并未使用什么巧妙的措辞或哲学的含义，他事实上找到了一个计算信息数量的方法。香农领悟到一个消息中的信息数量，与其内容的含义无关，相反，他表明其仅与已有信息的不重复程度有关联。

信息与不可预测有着关联，新闻之所以是新闻在于其出乎意外，越是意外越是有新闻价值。所以，今天的新闻如果和昨天的一样，也就是没有新闻，信息的内容也就是零。从香农开始，人们在不可预测与信息之间建立起了一个联系。更进一步，还给出了信息的计量单位。

香农是怎么做到的呢？他表明：任何人们要发送的消息，可以被转换成数字二进制，一个由0和1组成的长序列。香农意识到将信息转换成二进制数字，是一个非常强大的行为。他使得信息便于管理、精确与可控。论文中，香农展示了一个二进制数字，每一个0或1是信息的基本单元，可以把它想象成信息中的原子，信息的最小单位。他给这个基本单位作了定义，一个我们今天都很熟悉的名字。英文"二进制数字"的简写：比特（bit）。

不起眼的比特其实是一个非常强大的思想。比特是最小的信息量，非常重要，因为它是个基本单位量。它是信息的最小单元，足以辨别通讯中的所有信息。比特的力量在于其普适性，任何体系都有着两面性（两态）。如同一个硬币的正面与反面，可以携带一个比特的信息：1或0，打孔或不打孔，开或关，停或走，正或反，有或无等等，所有这些体系都能存储1bit的信息。比特成了所有信息的通用语言。任何东西、声音、图片、文本都可以转化成二进制状态的比特并发送。

香农提出了一个全新的深远的理论，他所探索的思想成为一门新理论的基础，我们将其称作"信息论"。他将一个抽象的概念：信息，转变成了形象的事物。曾经一个模糊的概念，现在成为可衡量的、真实的东西。二进制数字化思想，从根本上影响了人类社会的诸多领域。

这短短三年的科技成果和理论创新，囊括了20世纪后人类社会从原子时代迅速过渡到信息时代的几大催化剂，从第一台通用计算机，到实用半导体技术，再到香农的信息论，无论一个人所学的专业是否与其相关，只要是身处这个时代——这个属于信息的时代，就应该时刻对这些伟大的发明创造者保持敬畏。

3. 从物理到数学

（1）通信系统

传递信息的过程是什么？当然就是所谓的通信了。实际应用中的通信非常复杂，所以在理论研究中人们习惯将通信的整个过程简化为五个基本模块：信源、编码器（发送器）、信道（存在噪声）、解码器（接收器）、信宿，这就是香农的一般通信系统模型，信息就在这五个模块间传递。

其实这个通信的概念模型在日常生活中是随处可见的，要想理解，只需通过一个生活中极为常见的例子就可解释明白：我们在外面遇到熟人，想要打招呼，这个时候打招呼的人就可以看作一个信源，其嘴巴就是信号的发射端，把想要传达的信息发出去。声音通过空气传播给熟人，在这里空气就是传输信息的信道。假设这个时候没有噪声的干扰，那么打招呼的声音可以顺利地传到对方那里，这时被打招呼的人就是"信宿"，其耳朵就是信号的接收端，通过接收信息并做处理就可以理解打招呼者的意思，于是也予以回复，之后的流程就和方才陈述的一样了。这种通信双方都能同时发送和接收的系统，如果用更加专业的术语来表述，叫"全双工通信"，也称为"双向同时通信"，意味着参与信息交互的双方或多方可以同时收发信息。但是，在同一种场景下，如果旁边有噪声干扰，导致对方误听打招呼的内容，这种情况就属于通常所说的"失真"，如范例中描述的那样，许多失真都是外在的干扰因素形成的。

对于一般的通信系统而言，噪声是一个必然存在的因素，没有哪个信道能够摆脱噪声的干扰，所以系统处理人员就需要采用各种手段去使噪声的影响降到最低。

显然，信息是真实存在的，但却看不见摸不着，此所谓只可意会。所以人们需要给信息找到可靠的载体，因为在通信系统中传播的其实是信息的载体，它可以是一种符号或者物理量。而这个载体非常的重要，从某种意义上来说，它并不是信息本身，但却包含有信息，就很像哲学里的内涵与外延的关系。我们在购买商品时会询问价钱，可以看商品旁边的标价牌，也可以询问售货员，这里传达的信息就是要支付的金额，不管是标价牌上的数字还是售货员的回答，都是信息的载体，而这个载体所承载的就是"信息"。

通常情况下，在整个通信系统中，由于信息总是从信源发出来的，所以可以将信息理解为信源的内涵。所谓内涵，也就是信息所要表达的内容和含义，而这种内涵的载体可以从两个层面上去看，第一个是物理层面，这时我们将其称为信号，理工科的学生完全可以把它看作是一种可以描述、测量和显示的物理量。信息以某种信号参量的形式载荷到信号上，比方说现在有一个正弦波，通过改变它的频率来传递信息，数字 0 对应正弦波的频率 f_1，数字 1 对应正弦波的频率 f_2，然后在方才一般通信系统模型的发射端发送一个 cos（f_1*t）或者 cos（f_2*t）。

注意，这里的 cos 信号是一个波，是可以被检测到的，接收端接受就可以知道发送的是 0 还是 1 了。这种传信方式在数字通信中被称为 2FSK 调制，现在主要应用于广播通信当中。总而言之，信号即物理量可以作为承载信息的一种载体。

除了物理层面，信息的另外一个层面就是数学层面了。数学层面上，人们用来承载信息的是消息，或者说是符号，这个要如何去理解呢？举个例子，考试的时候填答题卡，ABCD 代表的是正确选项或者错误选项，这里的信息就是消息所要描述和度量的对象。

通信研究过程中，我们通常把信源要发送的消息看作是一组消息序列。假如这组序列只由 0 和 1 组成，那么就是由一堆符号组成的二进制时间序列。通常，对于某个时刻的某一个符号，它只有 0 和 1 两种可能，而且总是随机的，也就是说，在确定的主体接收到这个信号之前，它是 0 还是 1 是未知的。当然实际上，对于大部分信道而言，即使主体接收到了消息也不能完全确定其承载的信息。序列中的每个符号都是一个随机变量，而给这些随机变量加上一个时间轴，就变成了随机过程。

根据符号间的相关性，人们又可以给信源序列分类，比如符号间相互独立，称为无记忆信源；如果后一个符号仅与前一个有关，就叫它二阶马尔可夫链。类似的定义还有很多。

在此总结一下上面对于信息的讨论：在物理层面，信息的载体是信号；在数学层面，信息的载体是消息。它们两者都是消息的外延，而信息则是其内涵，其中外延与内涵的关系在哲学上也可以看作是一种辩证而统一的关系。

（2）不确定性与量化计算

①不确定性

论如何考量"信息"，或许没有谁比信息论的奠基人香农更有发言权了。虽然在 1948 年才发表了那篇举世瞩目的《通信中的数学原理》，但事实上香农在 1939 年写给麻省理工的万内瓦尔·布什的信件中就曾提到："时断时续地，我一直在研究信息的一般系统的某些基本属性。"那个时候他还在用 intelligence 一词去指代信息，但现在人们习惯于用 information 去表示信息，后者的覆盖面显然要更广一些。

香农对信息的研究首先是从对其特性的思考开始的，于是这就又引出了一个问题——信息具有什么特性？如果希望充分研究信息通信，则无论是否承认，都必须充分了解信息最大的特性，那就是不确定性。

我们经常会说某物的信息量很大，那么这个信息量是用什么来衡量的呢？这就要谈到不确定性了，一段信息的不确定性越大，其提供给外界的信息量也就越多。据此，香农对于信息的定义是：信息是用来消除不确定性的东西。这个定义相比维纳的就要简洁了许多，由此足见数学专业出身的香农对于语句精炼的偏执。

信息既然和不确定性相关，那么不确定性要如何去度量呢？根据我们刚刚谈到的随机过程，每一组信源序列都可以看作是一组随机序列——也就是概率论。所以，想要去度量不确定性就必然要借助概率的知识，不过在此之前，还要先考虑量化的重要性。

②通信系统中的量化

假如我们现在有一个模拟的音频信号，并且希望把这段信息传播出去。这种情况又可细分为几种：如果接受者就在对面，发出人就不需要大费周折了，直接说出来就可。而如果两人相隔很远，就需要采用一些通信设备，比如电话。在电话里加入动圈和磁铁，就能把声信号转换为电信号，再通过电话线传出去。但是，这样的信号显然是不可靠的。只要中间有人把这个信号拦截下来，就可以窃取通话者之间传递的信息，而且传输过程很容易受噪声的干扰。所以，如今的人普遍追求信息的数字化，就是把模拟信号变成数字信号再传出去。这并不只是一个简单的 A/D 转换过程，其间要经过采样、保持、量化、编码等一系列复杂的操作。其中采样对应的是模拟信号的时间离散，而量化则对应幅度值的离散化。所谓离散化，就是将取值连续的某个量按照某种规则转化成有限个离散值的过程。

那么，究竟为什么要量化，为什么不能直接采用连续值？因为计算机是无法处理连续的数据的，因此人们只能把量化后的数据通过某种编码规则进行编码，再交给计算机进行处理。这其中编码又是一门大学问，其中需要用到的一个非常关键的概念就是如今经常提及的"信息熵"。

③引入信息熵

上面谈到的是狭义的量化，其实人们在很多常见的场合内也经常会说到"量化"这个词，比如对企业、科研单位、个人评级判定优劣等，这些分级和量化在某种意义上是等同的。不同的输入通过某种转换关系输出到不同的层级，这种变换的好处是易于比较和计算，因为现实生活中有很多的东西在直观上来讲是很难去比较的。

在很多年前，光影一直是最困扰摄影师的因素。不管是前期拍摄还是在暗房的后期处理中，大家对于光都没有一个统一的认识。直到 1940 年，美国风光摄影师安塞尔·亚当斯提出了分区曝光理论，他将区域内的光的明暗程度分成了 11 个等级，以此为基础来完成自己的摄影创作。对于一些模糊不清的东西，我们往往需要找到一个好的度量方式来进行研究，而"信息"恰恰就是这样的东西。

前文说到，不确定性的度量要借助概率，这点很好理解。对于一个事件而言，它发生的概率越小，那么它的不确定性就越大。所以一旦发生，所包含的信息量也就越大。而同样的，发生概率越大，它的不确定性就越小，一旦发生，所包含的信息量也就越小，这里可以看出，概率的大小与信息量是呈反比的，但如果要直接将概率作为度量信息量的标准，就有很多的不便。比如两个概率相加会使得概率变大，同时导致信息量的减少。因此，人们希望找到一个量或者函数可以满足可加性。

香农在《通信中的数学原理》中已经深入探究过这个问题了，但现在试着不用概率，而用最少二元问题的个数来衡量信息量的大小。

所谓二元问题就是，提出的问题回答者只能用"是"或"否"来回答。比如说，我们要问出 16 个箱子中哪一个放着需要的东西，但无法得知东西具体放在哪个箱子里，只能得到"是"和"否"的回答。逐一询问当然是一种办法，但是要想在最短的步骤内得到准确答案，应该采用数据结构里学的二分查找法，对 16 个箱子依次编号，首先问：物品是否在 9—16 号箱子中，如果答案是"否"，就可问是否在 5—8 号中，依此类推，只需要问 4 次就可以找到最后的答案。这里二元问题的最小值就是 4，也就是说这个问题包含的信息量是 4（再加上某个表示信息的单位）。

以上的这种算法，是另一位信息论的先驱学者哈特莱于 1928 年提出的：如果一个等概信源有 N 个不同的符号，那么它的不确定性就是 N 的以 2 为底的对数，即 $\log_2 N$。但显然信源的每个符号不可能是等概的，所以这个理论有其不足之处。而在 1948 年的那篇论文中，香农严格地定义了信息熵这个概念，用以度量信息量以及不确定性的大小。

其中，信息熵需要满足三大要求：单调性、非负性以及可加性。这其实是困扰很多通信学子的地方，为什么信息熵要以 -log（p）的形式表示，而不能取其他的函数，比如 1/p，exp（-p）等？香农本人并没有给出答案。其实这就是一个熵的公理化结构的证明。美国信息学者艾米尔·范斯坦等人曾证明，当信息满足对概率 p 的递减性以及可加性的条件下，这个信息熵的公式是唯一的。当然这个式子并不能涵盖所有情况，而只能用来度量离散单符号信源的不确定性，对于连续信源就有其他的方式去计算其信息量,而且形式都大抵类似。

自此,本书已经引入了信息熵的概念。也就是说,"信息"可以被定量地研究。这意味着,按照香农的这一套体系,可以比较两个随机事件发生带来的信息量谁大谁小,直接把概率分布带进去算,比较其信息熵的大小就行。很多人可能会远远低估这个公式的价值,但事实上它却是整本经典信息论的基石。不管是后面的信源无失真编码定理,还是信源信道编码定理,都会涉及信源的信息熵。

至于为什么香农当时要用"熵"这个词,毫无疑问是借鉴了物理学中的对熵的定义。但如果有人想将这两者统一起来,大概还是比较困难的。此处也不必深究两者间的联系,只要理解信息熵的概念即可。

人类学习的主要目的之一就在于更好地认识世界,比如经济学专业的学生在看股票的走势时,肯定会比普通人获取更多有用的信息;摄影专业的会对光影变化更加敏感;机械专业的会对器件的内部构造和其中的关键零件如数家珍。这个世界就是一个纷繁复杂的系统,它是由无数小部件遵循一定的规律组合在一起的。企图去看清这个系统的全貌并不现实,但仅认识系统内的细部是可行的。这可以映射为我们大学的每一个专业,不同专业负责研究这个系统的某一个细节,最后有机地组合在一起,就形成了这个神奇的能够持续运转下去的"世界系统"。

概括起来,所有治学的人研究的对象其实都是"信息"。这两个字在这个时代似乎格外耀眼。从某种意义上来说,人们在努力学习的同时,确实也在努力去认知这个信息时代背后的关于"信息"的事情,包括信息的产生、传输、接收、处理等等。

(三)信息的功能

信息的形态往往对其所承担的功能有着深切的影响力,二者之间有着不可分割的联系。具体来说,信息在传播对象面前呈现的方式就是信息的形态,而通过不同的形态,信息能够(帮助传播的对象)达成不同的目的,这是信息的功能。

按照信息的基本定义和内容,信息具有四种形态——数据、文本、声音、图像,它能以任意一种形态容纳并掌握周边环境中的要素,不仅可以通过特定形式包容这些要素,还能向他人描述和传递,如要举例说明,就像人在掌握计算机技术以后,就可用软件编写和导出不同格式的文档一样;或者电脑和打印机"掌握"了作者创作的文字,印刷出书籍;唱片能够"掌握"声音的内容,和留声机一同真实还原录制的声音；摄影机能够"掌握"现实生活中的动态景象，以此生成影像视频。人在理解一种信息之后，再通过特定的方式向别人发送出去（当然也要接收来自他人的信息），要想使这一过程有效且简短，必须采用方便理解的形式来依托和表述信息。在计算机上，信息的生成过程就是"数字化"——用二进位制的格式来容纳信息。

一旦信息被数字化——变成"0"和"1"，所有形态的信息在下面的三种功能中都能被加以处理，就好像它们原本就是一码事一样。当照片被分解（"读"）成数字时，图中的每一个点都被赋予一定的值，然后，照片便能通过电话或卫星发送出去或接收过来。数字录音带（DAT）在把声音存进去以后，也要经过类似的处理。由此可以看出，信息具有以下功能：

1. 处理信息

计算机在当今社会最重要的作用之一就在于帮助人们方便快捷地处理信息。

计算机具有强大的数据处理功能，还能够完成文字处理、声音和图像处理等任务。因为计算机的设计程序中结合了先进的半导体技术，所以它能够帮助使用者操作并转换信息格式。编辑、转换、分析、计算和合成是计算机能发挥的处理功能的几个主要方面。不过，计算机处理过程中的不同程序，其实本质上更接近摄影师把图像印在胶片上的过程，所以它和以往人们认知中的信息处理是有很大不同的——尽管如今的计算机已经能够实现诸如信息生成、处理和存储等的种种复杂功能。

2. 存储信息

信息的存储功能从古代开始就为人类所注重和利用。古埃及的人用"圣书字"记录重大事件，将文字刻在石板和建筑物上，而敦煌壁画则存储了我国古代的许多画像。声音是到了工业时代，才被存储在唱片、录音带和激光唱盘之中。而信息时代，信息则可以存储在电脑、软盘、光盘之中。

如果存储方式是静态的——只是搜集和保存信息，而没有用信息来做任何事情，这种过程被称为"只读存储"（ROM）。然而，电子时代的存储是动态的。例如，字处理机不但能把人们书写的东西存储起来，而且一旦需要，人们还可以进行检索和修改。

3. 传输信息

信息传输之所以能够实现，是由于有了电话等手段。在当代有线通信中，传输就是在同轴电缆上用电磁波的速度，或在光纤电缆上用光的速度，把各种形态的信息从一端传向另一端。存储是跨越时间来传输信息，而传输则是跨越空间来传输信息。

（四）信息的特性

1. 自然界信息无处不在

信息并非只有人类能创造。我们如今开始理解的信息这个概念，不仅仅位处21世纪人类社会的核心，也位于这个物质世界其自身的核心。

人们在互联网上创造的信息中的每一个比特、每一本书、每一部电影的总和，与自然界的信息量相比较，稀少得不足挂齿。因为即使是自然界最微不足道的事件，也包含一个无比庞大的信息量。一滴水滴在水上，荡起立体的波浪，而仅描述这一现象所要的信息就需要极其庞大的比特量。美丽而复杂的相互作用着的物理定律发生的规模与时限，我们通常不易察觉，但还是可以看到大自然复杂性的一小片段。

生物进化，也依据自然界的信息反馈，让生物与人类不断进化、复杂化、有序化。想象一下：空气中数以万亿计的原子在相互作用，所要描述的比特量几乎是不可想象的。但令人称奇的是，因为图灵与香农的杰出贡献，我们能比以往任何时候都更详细地描述、模拟自然界。

2. 消耗能量

信息，似乎不仅仅是一种描述现实的方法。我们发现，信息事实上是物理世界不可分割的一部分。它是一种很难了解与掌握的思想。从贝多芬的交响乐到一本字典的内容，即使是稍纵即逝的想法，所有的信息都需以物理体系的某种形式来体现。

像前文提到过的麦克斯韦妖的设想，因为信息需要物理储存器。麦克斯韦妖每做一次分析，就多累积了一份有关分子运动的信息，很快，它的存储器会被填满。如要继续就得开始删除信息。关键是，删除也是需要消耗能量的，需要保存某分子方向运动的信息，而如果存储空间有限的话就得在某时不得不删除已有的信息，这就是一个增加宇宙熵值的不可逆的过程。删除信息，熵不断地增加删除一个比特信息量所需的能量数值，该数值小于一克糖所含能量的一亿分之一，但它是真实存在的。能量是整个宇宙基础构造的一个组成部分。能量与信息，显然两者有着深刻的关系，如今依然处于科技研究的最前沿。

3. 信息需要物理载体

信息不仅仅是一个抽象的概念，也不仅仅是写在纸上的一个公式或符号。实际上，信息必须有载体。需要在载体上编码，一块石头、一本书、一张光盘，无论它是什么，都只是信息的载体。这意味着信息的表现取决于某些物理定律。因此它不能推翻物理定律。数千万年来，信息不可能摆脱物理世界。但这不是障碍，信息之所以强大的事实是，其可以存储在我们所选择的任何物体之上。从使用石头、泥板来保留数千年的信息，到电、光瞬间甚至粒子传递信息，载体赋予了信息独特的性质。

我们都知道，物质结构中创造有序的高楼大厦、马路街道是需要付出成本的，我们需要工作，消耗能量来建立它们。近些年来的研究发现，人们在比特世界里创造无形数字化结构的有序信息，也有着不可避免的成本。信息看似抽象、虚空，但它必须得依附于一个物理载体，这是令人兴奋的发现。

今天，科学家们正在探索驾驭信息的新方式，尝试着各种各样的载体，从DNA到量子，他们希望能迎来一个崭新的信息时代。

二、信息技术概述

（一）信息技术的含义

"信息技术"这一术语含义十分广泛，而且还处于不断发展演变之中，因此很难对其给出一个确切的界定，为方便研究和使用，研究者们根据自身的理解对信息技术给出了不同的定义。目前已有的资料显示，国内和国外的学者对信息技术的定义有多种阐释，大致归纳起来，可分为"描述性定义"和"功能性定义"两种[1]。"描述性定义"主要是站在信息技术的具体形式的角度论述信息技术的定义。这类定义主要是观察信息技术的外在表现形式，较为具体形象，比较容易理解，它的不足之处是不够准确。"功能性定义"注重的是阐明信息技术的内在本

---

[1] 张维明. 信息技术及其应用 [M]. 北京：中国人民大学出版社，2006.

质或其根本作用，它与信息技术可能呈现或利用的物质或能量的具体形式无关。功能性定义中比较代表性的有以下几种：

（1）信息技术主要是以信息的输入、存储、加工和传递为主要内容，它的走向是用微处理器代替电子机械设备。

（2）信息技术是关于信息的收集、加工、存储、检索、传递、利用的理论和方法的总称。

（3）信息技术是借助微电子学为基础的计算机技术和电信技术的结合而形成的手段，对声音、图像、文字、数字和各种传感信号的信息进行获取、加工处理、存储、传播和使用的能动技术。

（4）信息技术一般是指在计算机和通信技术支持下用以采用、存储、处理、传递、显示等各种介质信息的技术的总称。

（5）信息技术指的是在计算机和通信技术支持下用来获取、加工、存储、转换、显示和传输文字、数值、图像、视频和声频以及声音信息，包括提供设备和信息服务等两方面的技术方法和设备的总称。

（6）信息技术指的是关于信息的产生、识别、提取、变换、存储、传递、处理、检索、分析、决策、控制和利用的技术。

（7）信息技术是指一个信息系统在采集、输入、描述、存储、处理、输出和传递信息的过程中所用到的相关技术的总和。

（8）信息技术是指管理、开发和利用信息资源的有关方法、手段和操作程序。

（9）信息技术是指人们在生产斗争、科学实验中认识自然和改造自然过程中积累起来的获取信息、传递信息、存储信息、处理信息以及使信息标准化的经验、知识、技能和体现这些经验、知识、技能的劳动资料有目的结合过程。

（10）信息技术是能够延长或扩展人的信息能力的技术。

以上对信息技术的界定虽然在表述形式上不一样，但在实质上还是没有差异的，都是从功能方面来揭示信息技术的本质。

（二）信息技术与信息科学的关系

信息技术是指有关信息的收集、识别、提取、变换、存储、传递、处理、检索、检测、分析和利用等的技术。凡涉及这些过程和技术的工作部门都可称作信息部门。信息技术能够延长或扩展人的信息功能。信息技术可能是机械的，也可能是激光的；可能是电子的，也可能是生物的。信息技术包括通信技术、计算机技术、多媒体技术、视频技术、自动控制技术、遥感技术等。

扩展人类的信息器官功能，提高人类对信息的接收和处理的能力，实质上就是扩展和增强人们认识世界和改造世界的能力。这既是信息科学的出发点，也是它的最终归宿。信息科学与技术的发展不仅促进信息产业的发展，而且大大地提高了生产效率。事实已经证明信息科学与技术的广泛应用已经是经济发展的巨大动力，因此，各国的信息技术的竞争也非常激烈，都在争夺信息技术的制高点。

（三）信息技术与知识经济的关系

知识经济是一种新型的经济形态，这是继农业经济、工业经济之后所出现的新型的经济形态。经济合作与发展组织（OECD）认为，"知识经济"指的就是建立在知识和信息的生产、分配和使用之上的经济。

1. 知识经济的内涵

知识经济意味着一个人的专业知识、人生经验、学识、个性甚至身体条件都可以作为直接兑换经济利益的资源。相比较于过去的实体经济，知识经济更多的是虚拟、非实。可以这样理解：如果双方各掌握一门知识，在交换过来之后，每个人都拥有了两门知识。由此可见，知识是可以被复制的，而且原主人没有损失（当然传播过程可能会有体力上的损失，诸如著书、演讲都是相当耗费精力的）。

知识经济的另一个特性就是传播极快。得益于互联网的发展，信息传递的速度非常快。即使是要开讲座，得益于互联网，也可以直接在家里进行语音或者视频直播，这也节省了场地费。

其实知识经济古已有之，比如医生、律师、教师都是靠自己的知识和人生经验谋生。只是现代社会对知识经济变现容易了（有支付宝或者微信等各种互联网支付渠道），对知识经济的需求也变多了。大部分人温饱已经解决，城市化也吸收了很多人口。很多人每个月的收入在扣除基本开支以后，还有很多余钱可以用来进行"精神消费"，同时，大学生、白领、上班族甚至很多蓝领，也不像过去那样需要把人生的大部分时间用来工作和做家务了，有了闲暇时间来进行精神上的追求。所以有闲钱、有闲时，是互联网知识经济的社会基础。

有了闲钱和闲时的人们享受知识经济可能并没有很明确的目的，可能只是为了一时的兴趣。在过去人们不敢想的事，如今都成为可能，但是很多人却缺乏相关的知识，这就形成了一种对知识的需求。从20世纪下半叶开始，知识和思想逐渐开放，人们对于书籍、电影等文化知识的迫切渴望催生了一批杂志和电影电视剧的诞生。今天，随着人们的经济水平提高，对一些"高端"知识也存在迫切的渴望。这就是知识经济的市场需求。

知识经济不是今天才有的概念，也不是互联网之后才兴起的概念。

一个公司拥有大量知识密集型的员工，老板为知识员工付工资，通过奖金或者其他各种方式"利用"员工脑中的技能，这可以算是一种知识付费；普通人利用知识转型，自然就是去获取更多实用的、切时的知识，这是知识付费的一种；一个歌手写了很多歌曲，把歌曲放到音乐软件或网站上，人们花钱去购买他的歌曲，这种付费同样是知识付费。买卖双方通过一个网上市场完成了交易，无数的买方和卖方构成了这一市场，卖方通过卖"更多份音乐"的方式最大化自己的盈利，也因此被激励去写更好的音乐，"完成自己的音乐梦想"；这时，普通人利用知识转型——也就是去学着写音乐、做音乐，以及如何写出更加让市场接受的音乐；一个学者，写了一篇论文，发表在期刊上，人们要看这篇论文，就要付费，这当然也算是知识付费。

这种付费方式极其传统，横亘了好几百年。书籍的价格以及网络上期刊的论文的价格往往极其昂贵，尤其是在西方世界。互联网时代的到来催生了大量的网络书商，甚至还有网络盗版商。以至于在一定程度上，知识付费的价格，在不考虑其他因素的前提下，往往无限接近于"寻找一个资源的代价"。

知识经济其实是一个20世纪40年代左右（甚至更早）就被提出来的概念，大致是起源于哈耶克的"知识的分布是分散式的"这一概念。如今，知识经济的研究已经如山如海。概念可以更替，主题却历久弥新。互联网只是一个工具，让"知识的市场"变得更大了。

普通人在19世纪的时候，如果想知道一个事情，最多也只能是问问身边最有学问的人，或者走到一个内容极其有限的图书馆里面查阅相关内容（而且有学问的人并不一定能真正让旁人理解深奥的知识）。如今，人们可以在开放的网站上和电子平台上寻求各类专家学者深入浅出的讲解，于是知识结构也不知不觉地升级了。

知识经济时代到底意味着什么？在工业经济时代，大家主要在竞争的时候，焦点往往在于资金、原材料、设备、劳动力、技术。但是进入知识经济之后，这几种要素都在发生变化，知识取代了资金，而服务取代了原材料，管理取代了设备，而经验和技能取代了劳动力（当然技术依然是存在的）。

实际上，每个企业面临的挑战也发生了变化，在工业经济时代面临的是产品过剩：不管是哪个商家，货品可以说已经多得用不了，也没有人能消费这么多，这是一种产品过剩的特征，但是进入知识经济时代之后，各种提供服务的信息越来越多。所以这个时候，企业也好，消费者也好，面临的主要挑战在于如何来处理这些过剩的信息。从信息里面能够找到对自己来说有价值的一些信息，从而指导企业的运作，或者是一个消费者的消费，这个就是知识经济时代下大家面临的挑战：一个是产品过剩，一个是信息过剩。信息过剩，就要求有人能够在这么复杂的信息世界里边理出一个头绪来。在当代互联网庞大的信息库中，怎样才能知道哪一条最重要，哪一条对我有价值，只有靠一套科学的办法，才能在最短的时间内把有效的信息找出来；否则的话，就意味着去"赌博"。

所以说，在这个社会，从工业经济向知识经济过渡的这个过程当中，就出现了这样一种转变：制造业逐渐衰退，服务业发展，信息业腾飞，互联网巨头借此兴旺发达。

2. 信息技术与知识经济的主要特点

信息技术与知识经济都各有其鲜明的特点。

信息技术具有高新技术的特点，但高新技术不一定都是信息技术。信息技术还具有实践性、现实性和广泛性，它与各个行业的融合处于多个层面，它的地位从辅助技术、关键技术、核心技术直到管理的整体模式。信息技术的根本特点就是以更少的时间，完成更多的工作。如现代多层高速路由交换技术、IP 分组话音技术、异步传输 ATM 模式、CDMA 移动通信技术、防火墙技术、JAVA 技术、SDH 传输技术等新的网络技术，都能在瞬间处理信息，做出关键性的决定。信息技术所带来的一场革命会彻底改变人们的生活和工作方式，这就是信息技术的划时代意义。

知识经济的特点更为宏观。其一，知识经济是人的经济。在知识经济中，创造财富的首要条件是知识，而知识是存在于人的头脑中的，因此，掌握了知识的人就比物质资源本身更重要。物质本身是不能增值的，而人头脑中的知识是可以不断增值的。因此，在知识经济中，拥有知识就成为创造和获取财富的根本，人的社会价值被大大提升了，像比尔·盖茨、葛鲁夫、杨致远等就是"知识就是财富"的生动写照。马克思早就指出，生产力中人是第一因素，但只有到了知识经济时代，科学技术成为第一生产力的时候，才是人的经济。这也是知识经济最为本质的特点。其二，知识经济是智力经济。其表现在两方面：一是在使用工具方面，采用了计算机这类的智力工具，主要不是靠体力劳动，而是靠脑力劳动；二是经济的发展和财富的增长，是依靠科学知识和先进的技术，靠知识的密集而不是靠大量占有有形资源，也不靠劳动力的密集。在这里，知识和知识分子的作用十分重要，如工厂技术改造，科学种田就是如此，体现了知识和知识分子的高附加值。其三，知识经济是权力分散经济。在知识经济中，知识的运用不是简单的重复，而是与创新紧密结合的，这就需要给人以最大的创造空间和条件，独立作战，个体活动性强，这与大规模的工业经济是完全不同的。知识经济要求分散权力，这就意味着工作的每一个成员，都将成为工作的主人，不仅是战斗员，更是指挥员。其四，知识经济是全球性经济，也是零风险经济，知识经济最主要的技术基础是计算机及其网络。互联网提供的信息快而准，生产者可以不预先生产，而是根据市场需求，按需生产。这样信息灵通，产品就不会积压，不需要仓库，实现了零风险。而知识经济的形成和发展都离不开信息技术，更离不开知识。

3. 信息技术与知识经济的联系

信息技术与知识经济并不是一回事，但这两者是相互联系、相互作用、相互促进的。主要表现在以下方面：

（1）信息技术与知识经济的地位

为了促进知识经济的发展，就必须进行知识创新与传播。而信息技术又占据极其重要的地位，如科技和管理知识以及有用的信息的生产、开发和研究创新、教育的普及和科普的宣传等这一切都离不开信息技术，离不开知识的利用。

（2）信息技术与知识经济的结构

知识经济是以高科技产业为依托的经济形式，信息技术是知识经济的重要支柱。以信息技术构成的信息经济，是以信息产业为依托的经济形式，信息产业只能是高科技产业的一个重要子产业。因为，除信息产业外，高科技产业还包括航天产业、生物产业等。因此，知识经济比信息技术构成的信息经济范围更宽广。

（3）信息技术与知识经济的产业分类

我们再从产业的分类来看，目前大致有两种划分法：一种是按产业的生产力层次划分，即农业、工业，服务业；另一种是按产业出现的历史顺序划分，即农业、工业，服务业、信息产业，航天产业和生物产业等。信息产业是继农业、工业、服务业之后的第四个产业，主要是以计算机和通信设备行业为主体的IT产业。产品主要包括信息设备、信息内容和信息服务及信息软件。其信息内容是知识密集型产品，如电子出版物。信息软件是智力密集型产品，如Windows操作系统、北大方正排版系统等，都是高科技、知识密集型的科技产品。在某种意义上，这就是知识经济。但按照波拉特理论，信息业应有两个不同的部门：第一信息部门和第二信息部门。其区别在于，信息技术产品是否用来在市场上交换。美国明确政府和非信息企业的信息产品是用来自我服务或无偿提供用户的，属于第二信息部门。这就是说，对信息产业而言，信息技术也不完全体现为知识经济，有时也有非经济因素。

研究是为了实践，具体地讲是为了促进以创造需求和满足需求为主要内容的经济实践。拨开浮言的迷雾，填平迂腐的陷坑，在文山会海里跋涉，在学科疆界间探险不是为了割据秘密，影响分配，而是为了磨炼认识，指导生产。正如司马贺所言："信息的富有会造成注意力的贫乏"，我们要坚定不移地抵抗浮夸与浮躁对精神家园的侵蚀。"经济新常态"战略判断的提出，正式揭开了我国的经济发展由追求数量转向追求质量的序幕。从数量到质量的转变，首先是世界观的转变，要在笛卡尔世界观的基础上发展系统观，因为"质量"是依托于"系统"存在的概念。其次是对知识以及知识对经济作用认识的转变，因为历史告诉我们，知识革命是连接科技革命与工业革命的桥梁。我们认为，"经济新常态"也吹响了全面向"知识经济"和"知识社会"进军的号角，知识经济的发展前途，直接影响着我国制造业在2020年初步完成工业化之后的发展道路。对知识经济来说，信息技术是其发展的重要基础和条件；知识经济是信息技术的集中体现，二者相互联系、相互作用、相互渗透。

第二节 教育信息化的内涵与特征

我国早在十多年前就提出了以教育信息化引领教育现代化的发展战略,近几年教育信息化的引领性战略地位越来越凸显。那么,教育信息化的内涵是什么?有哪些特征?这些问题的研究对于我们未来教育的发展有着重要意义。

一、什么是教育信息化

(一)教育信息化的概念

20世纪60年代,日本提出了"信息化"这一概念。信息化的概念最早是由日本学者从社会产业结构演进的角度提出的,其实它是一种社会发展新阶段的新学说。可以说,信息化是一个内涵深刻而且外延广泛的概念。从内涵上说,它包括两层意思:一是指信息的利用非常广泛,信息观念深入人心;二是指信息化技术产业的高速发展,信息咨询服务业的高度发达与完善。从外延上说,信息化是指一个国家或者地区的信息环境。作为一种社会发展的趋势,信息化即社会经济的发展从以物质和能量为经济结构的重心,转向以信息为经济结构的重心;在这一过程中,国家会采用现代的信息化技术装备国民经济各部门和社会各领域,从而大大提高社会劳动生产率。当前,信息化已经成了衡量各国经济运动质量与效率的一项重要标准,也成了综合国力的一个重要标志和国际竞争力的焦点。

一个系统的信息化建设应该涉及与其适应的基础、核心、目的和保障机制等方面。专家认为,整个信息化系统应该包括六个要素,如图1-2-1所示。

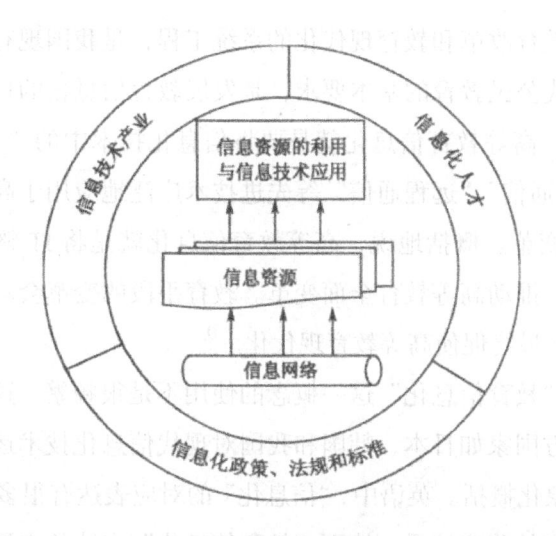

图 1-2-1　信息化系统结构图

由图 1-2-1 可知，整个信息化体系的六要素分别是：信息资源，信息网络，信息资源的利用与信息化技术应用，信息化技术产业，信息化人才，信息化政策、法规和标准。其中，信息网络是基础，只有建设先进的信息网络，才能充分发挥信息化的整体效益；信息资源为核心，是信息化建设取得实效的关键；信息资源的利用为目的，集中体现了信息化建设的效益；信息化产业、信息化人才和信息化政策、法规及标准是信息化的支柱，是信息化有力的保障。教育信息化就是将信息作为教育系统的一种基本的构成要素，且在教育的各个领域广泛地应用信息化技术，促进教育现代化的过程。

然而，由于新技术、新思想层出不穷，IT 发展迅猛，学术界对"教育信息化"的概念还没有统一的观点，但在政府各种文件、学校、教师、学生中已正式使用"教育信息化"这一概念，并且十分注重教育信息化工作的推进。

有的学者指出，教育信息化就是将信息作为教育系统的一个基本构成要素，并在教育的各个领域广泛利用信息化技术，促进教育现代化的过程。确切地说，教育信息化的过程中应该高度重视对教育系统以信息化的观点进行分析，并在此基础上进行信息化技术在教育中的有效应用。

有的学者认为，教育信息化即以现代信息化技术为基础的新教育体系，其主要包括教育观念、教育组织、教育内容、教育模式、教育技术、教育评价、教育环境等改革和变化。确切地说，教育信息化并非等同于计算机化或网络化，而是一个关系到整个教育改革和教育现代化的系统工程,是我国现有的教育体系适应信息时代对新一代公民教育的基本要求,是发展教育信息化的目的。北京大学刘晓镜博士曾指出,高等教育信息化就是要将信息化技术中的"多媒体技术""计算机网络""网上通信""远程通信"等先进技术广泛地应用于高等教育,使教育手段发生根本性变革。概括地说,高等教育信息化就是将 IT 整合到大学课程及教学的各个环节,推动高等教育全面变革。教育手段的变革会对高等教育的各个层面都产生影响,最终促使高等教育现代化。①

在欧美国家"教育信息化"这一概念的使用不是很频繁。这是因为"教育信息化"主要是东方国家如日本、韩国和我国对现代信息化技术运用于教育、教学过程及结果的抽象化概括。英语中,"信息化"的对应表达有很多,不管哪种表达,都没得到西方国家的普遍接受。然而"教育信息化"表达的内涵与西方社会现有热门用语的含义基本相同,只是前者是一种更注重事物过程的表述,后者则是更强调事物性质的表述。对比"教育信息化"与"信息化技术教育"二者的关系,前者是从信息化技术与教育的关系出发,描述有关信息化技术的观念、思想、设施、设备、知识和技能等来影响教育的过程和结果;后者则是从信息化技术与受教育者的关系出发,描述受教育者所接受教育的性质或类别。可见,"教育信息化"与"信息化技术教育"是相互交叉的,但前者的概括度更高、包容性更强。

(二)教育信息化的内涵

对于教育信息化的内涵,还体现在教育理念和模式上。下面简单进行分析。

1. 理念的转变

(1) 由培养"专才"转向培养"通才"

长期以来,教育界一直在争论这样一个问题:是实施"专才"教育还是实施"通才"教育。可以说,这一争论既涉及教育思想的问题,又涉及教育模式的问题。可以说,"通"与"专"是一组相对的概念,"通才"教育与"专才"教育也属于一个历史范畴。因为我国传统教育始终都是文理分科的,限制了专业的范围,也制约了学生在其他专业领域中的发展潜能,导致知识结构的不合理,从而造成人才素质的缺陷。随着现代科技的发展以及其在生产领域的应用,从业者应该具

---

① 吕文丽,庞志芬,赵欣敏.信息化时代下的大学英语教学改革探索 [M].长春:吉林大学出版社,2019.

备跨专业和跨学科进行研究和创造的能力,他们要熟悉政治、经济、历史等方面的知识和具有现代化的组织管理方法,要在有广博知识的基础上成为一专多能的"通才"。此时,教育信息化就为其提供机遇和保证。

(2)由义务教育转向素质教育

基于历史和现实的大环境,我国教育逐渐形成了以考试为主要手段、以升学为主要目的的办学机制。原本,考试应该是实现教育目的的一种手段,然而却被人为地一再强化,使其从手段变为目标,最终造成了学生高分低能、严重脱离社会实践、发展畸形、不能有效地适应现代社会需要等一系列问题。教育信息化概念的提出,使得信息社会对人才的素质提出了更高的要求,其对人才的培养起着定向和引导作用。

(3)人的全面发展与个性化发展相统一

在我国,人是要全面发展还是个性化发展一直是一个有争议的问题。归根结底,这一问题就是教育价值观的问题。马克思主义对人才培养的总目标以及对个体素质的整体要求都是人的全面发展。

因为将人的全面发展定位于社会主义事业建设者和接班人上,所以会特别强调人才培养的共性,于是出现了与之相适应的教学模式。然而现代化社会需要的是富有主体精神的、多样化的人才,而学生之间也存在着先天的生理差别与心理发展水平的差异,这些都是人的个性化的基础,教育也应与其相适应。教育信息化将会打破教育教学活动时空和教学模式的限制,充分激发学生的自主性,开发其潜能,有利于社会发展需要与人的发展需要的辩证统一,有利于使学生的个性发展得到推动。

2. 模式的更新

(1)开放化与学习社会化

随着多媒体技术、计算机网络、网上通信等技术在教育领域的广泛应用,教育发生了巨大变革。信息高速公路渗透到千家万户,随着交互式网络系统的覆盖和多媒体计算机的普及,远程教育愈加完善,整个社会逐渐连接成一体。由于在有效覆盖全球的计算机网络上的信息是开放的,因此人们可以自由地选择学校、课程和教师,学校与社会、学校与学校之间的界限会越来越模糊。教育信息化促使学校对社会全面开放,学校与社会之间不会受到限制而互相融合。学校教育趋向社会化，而社会教育又趋向家庭化。学校与社会教育一体化，必然会使信息社会成为一个学习化的社会。

（2）个别化与教育终身化

现代信息化技术的广泛应用，为人们提供了灵活的学习方式，人们可以通过计算机网络打破时空和地域的限制来选择自己感兴趣的课程，从而实现随时随地的学习。现代信息化技术改变了学生在教学中的地位，使学生能够主宰自己的学习进度，实现自主学习、充分学习和有效学习，使学习成为一种大规模和大容量的各取所需的过程。多媒体教学软件和简单、方便的编辑工具，使教师可以对课程表做出相关安排，实施柔性的教学计划，不再用传统的知识组织和结构的观念来制订教学计划。学校的教学内容逐渐变成一些单元的体系。因为单元之间是可以互相调换的，所以学生可以根据自身的喜好、专业基础、研究方向和水平来选择适合自身的发展途径，使因材施教进入一个新的阶段。因为运用信息化技术能够将一切具有教育功能的机构联系和连接起来，融基础教育和高等教育、正规教育和非正规教育、学校教育和非学校教育于一体，所以为每个社会成员提供了进修和丰富知识的可能性，从而为终身教育的实现打下了基础。

（3）信息化与教学育人化

在信息化社会中，教师的角色发生了很大转变，由"独奏者"变成"伴奏者"。教育模式的转变使教师的权威从建立在学生的被动和无知上变成借助学生的积极参与以促进其能力充分发展的基础上。因此，教育信息化要求教师从如下三个方面加以努力。

首先，教师要对学生的学习进行监控、评估和指导，帮助他们选择那些有价值的信息和课程，并通过计算机自由地与单个学生或小组共同工作，将注意力放在解决问题上，而不是单纯地授课。

其次，教师应积极参与课程软件的开发，因为课程软件的质量及适应性会影响其教学的质量。

最后，教师应对学生展开情感教育和价值教育，这种教育在信息社会是任何技术都无法替代的。因此，教师应在给学生提供恰当而充分的学习机会的同时，建立起师生之间稳定的情感关系，使教育真正实现以人为中心。

（三）教育信息化的内容

1. 人才

如果将教育看作一个"产业"，那么我们可以称之为超知识密集型产业，教育和教育信息化主要取决于教育人员的知识结构、创新精神和开拓能力，毫不夸张地说，人才是教育的生命，也是教育信息化的生命。然而，人才缺乏是信息科技时代一个普遍性的问题，在教育信息化过程中，这一问题显得特别突出。

2. 技术

显然，离开现代信息化技术谈教育，那只是传统的教育，也就根本无所谓教育信息化，所以技术是一个基础的东西，教育信息化是建立于信息化技术的基础之上的。教育信息化的技术问题具有两层含义：一是信息化技术的应用，二是教育信息系统的建立。

（1）信息化技术的应用

教育信息化所依赖的信息化技术在飞速地发展，其技术能力也已今非昔比，应付教育信息化建设已绰绰有余，也就是说信息化技术本身的问题已不存在或是不重要了，关键在于信息化技术在教育信息化过程中的应用问题。

（2）教育信息系统的建立

教育信息系统的建立所涉及的技术问题不是单纯的信息化技术问题，因为教育信息系统不仅是一个技术系统，而且是一个包括人、管理手段在内的管理系统和社会系统，它是介于数据库处理和DSS（决策支持系统）之间的计算机及网络应用系统。建立教育信息系统应当考虑如下问题：一是教育信息化指导思想的确立，二是进行教育信息系统的总体模块设计。一般地，可以考虑将教育信息系统划分为五部分，即教育信息化管理体系、教育信息化制度体系，教育信息化IT环境实施体系、教育信息化系统实现部分、教育信息化评估分析维护模块。显然，信息化技术的应用与教育信息系统的建立密切相关，教育信息系统从系统论、控制论的角度出发，把握了教育信息化的大方向和大步骤，信息化技术的应用使教育信息系统得以从根本上实现，二者相辅相成。

3. 对象

一是教育教学内容的信息化表述，即信息化技术与教学内容的结合，主要指的是通过现代信息化技术手段，改变传统单一的以文本表示知识的形式，用文字、图像、动作、声音、视频、图形等多媒体的方式来表述知识，其关键是网络技术和多媒体技术在教学过程中的应用。

二是教育信息化所针对的学校对象。它包括学校教育教学的各种对象，如师资、学生、教学、管理、体制、环境等。我们的问题并不是说某种对象该不该作为信息化的内容涵盖进来（因为这是没有异议的），而是说针对不同的对象如何进行信息化，即怎样使这些对象通过主动的或被动的改造，以适应教育信息化目标的新要求和新特点。

4. 管理

高等教育信息化不是单纯意义上的"计算机及网络化辅助学校管理"，而应是教育的一个信息系统，是一个人机系统，是学校不能没有的系统。所以如何用教育信息系统来进行学校管理和如何对教育信息系统进行管理，将成为十分重要的两个问题，这实际上是当前高等教育信息化建设所面临的核心问题。

（四）教育信息化的任务

教育信息化是一项系统工程，涉及教育、教学及其管理的各个领域、各个方面、各个层次和各个环节。从教育系统自身来说，又包括基础设施建设、信息资源建设、技术人才队伍建设、应用系统建设和保障体系等的信息化建设。这些方面相互关联、相辅相成、相互影响，既互相促进，又互相制约。教育信息化绝不仅仅是硬件建设，更主要的是要在教育、教学和管理中广泛运用现代信息化技术，提高教育、教学和管理等方面的效率，以便更好地进行素质教育，实现教育现代化服务。教育的信息化也绝不仅仅是一般的教学手段和教学方法的运用问题，更重要的是把教育信息化建设与教育的改革和发展结合起来，把教育信息化建设作为推动教育、教学改革的重要手段和重要内容，逐步建立符合信息化社会所要求的新型的教育体制。

二、教育信息化的特征

（一）信息处理呈现数字化

教育信息化技术系统的集成度高主要源于教育信息化的数字化。由于信息化处理信息仅使用两个代码，即 1 和 0，用于表示 1 和 0 的设备可以简单化，所以可以集成；数字化的设备系统性能可靠，标准容易统一；数字化处理的信息保真度高、存储量大，处理速度快等。

（二）信息传输呈现立体化

教育信息资源的共享可以通过立体化传输信息来实现。教育信息资源的共享包括两种：硬件的共享和软件的共享。软件共享如大容量的存储介质、网络教学资料等。教育信息传输的立体化可以实现教育活动时空不受或较少受到限制。

（三）信息系统呈现智能化

智能化就是在多媒体计算机技术中融入了人工智能技术，智能化系统再结合认知心理学而构成的智能化教育信息系统，可以扩展人类的智慧，实现脑力劳动的自动化，也可以实现人机通信的自然化，重复且繁杂的任务可以由智能系统替代。

（四）信息呈现多媒体化

通过多媒体技术可以将单一表征信息的媒体集成起来，提高教育信息媒体设备一体化的程度；通过多媒体技术还可以使教学信息实现多元化、结构化、动态化，将原本复杂的现象变得虚拟化，将原本乏味的过程变得情景化。

（五）信息传播中学生地位的主体化

基于教育信息系统的智能化、信息的多媒体化和信息的可扩充化等特点，学生彻底摆脱了之前的被动接受式的学习方法，可以积极主动地建构知识，也可以与同伴或教师进行协商学习。

（六）学习资料共享化

教育信息化，尤其是全球教育网络的形成与发展，打破了传统教育资源封闭和垄断的状态，可以将全世界的教育资源连成一个信息的海洋，使全球教育资源的共享程度得到显著提高，从而有利于全球教育资源的充分利用和效益提高，有利于缩小国家、地区之间高等教育发展的差距。网络教育资源有诸多类型，如教育网站、电子书刊、虚拟图书馆、虚拟软件库等。网络教育资源的类型，如图1-2-2所示。

除了上述描述，一些学者也对教育信息化的特征做了阐述。

学者指出，从教育过程来看，教育信息化的特征具体体现在四个方面：数字化、网络化、智能化和多媒体化。数字化即应用于教育领域的技术设备，操作简单，性能可靠，标准统一。网络化是指广泛应用于以互联网为核心的综合信息服务体系，实现全球资源共享和教育时空无限。智能化即广泛使用以计算机为核心的现代教育媒体，实现教育过程的自动化。多媒体化指应用于教育领域的教育媒体是多种媒体的组合，以实现最佳教育效果。

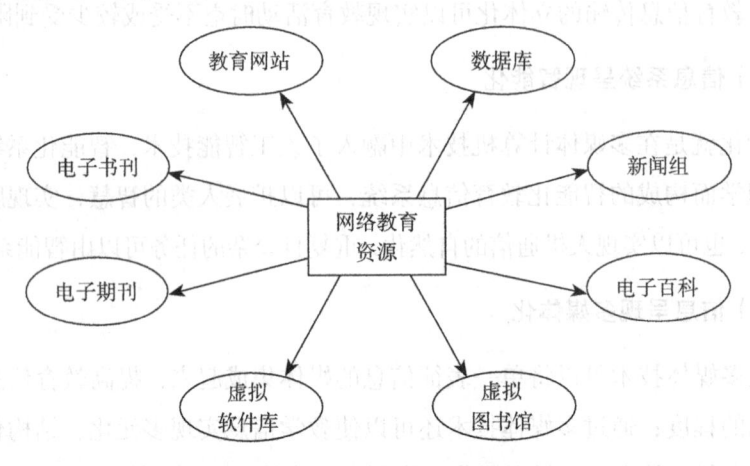

图 1-2-2 网络教育资源类型

从学习过程上考虑，教育信息化是指个别化、开放式、交互式等。个别化是指因为信息化技术的发展与现代教育媒体的广泛应用，学生可以根据各自的理解、阅读和反应速度调整自己的学习进度，在同一教学课程中，每个学生的学习进度可以不同。开放式是指学生的学习过程不受时间和空间的限制，学习资源全球共享，学习空间无限扩展。交互式是指在学习过程中，学习者与教学者之间可以相互交流，适时沟通。这里的教学者，除了指教师，还指计算机教学媒体。传统教育与教育信息化特点比较，如表 1-2-1 所示。

表 1-2-1 传统教育与教育信息化特点比较

传统教育特点	教育信息化特点	传统教育特点	教育信息化特点
封闭性	开放性	班级化	个性化
专有性	共享性	静态化	动态化
有限交互性	无限交互性	独立性	协作性

第三节 信息技术在教育中的应用

一、计算机技术在教育中的应用

（一）个人计算机的教育应用

教师可以利用计算机作为教学工具，主要的应用有三个方面：

1. 计算机辅助教学

计算机辅助教学是计算机应用于教育的一种传统形式。交互式多媒体将各种媒体材料与计算机相连，使以文本和图形为基础的 CAI 变得图文并茂，吸引学习者注意力。智能计算机辅助教学（ICAI）是 CAI 未来的趋势。教师还可以利用计算机进行电子备课，提高工作效率。

2. 计算机管理教学

由于教师工作的一部分是教学管理，这就要求教师关注学习者的学习进展，选择合适的教学策略，安排课程的内容和教学进度等。计算机在教学中能记录、收集、监控学习者的学习过程，辅助教师组织和管理教学，教师的工作由此便可以更有目的性和针对性。

3. 计算机辅助测验

计算机在生成测验、组成测验和测验后分析各方面都能给教师以帮助。计算机的快速处理能力可以在极短的时间内完成对学生能力与水平、试卷编制、教学情况等教育信息的系列分析，为提高测试水平和教育质量创造条件。学习者有了计算机这一协助学习的工具，可以通过计算机来获取信息、处理信息、展示和交流信息，从而让计算机真正变成了认知工具、效能工具和情感激励工具。

（二）网络计算机的教育应用

1. 计算机支持的协作学习（CSCL）

CSCL 是由计算机支持的协同工作（CSCW）与协作学习（CL）的理论和方法相结合的产物，主要是指利用计算机技术（多媒体和网络）来辅助和支持协作学习。CSCL 借助多种类型的信息网络，一方面可以实现远程交互式授课、讨论和辅导等，人们可以不受地域、时间的限制使用优质的教学资源；另一方面，可以通过协同式工作，异地共同完成某一教学或学习任务。

2. 基于 Web 的协作学习的学习环境及结构模型

基于 Web 的协作学习是 CSCL 的扩展，是指利用网络技术支持协作学习，包括电子邮件、电子公告牌、多媒体会议系统、在线数据库、协作文档编辑、远程协作学习系统、虚拟教室等。利用 Web 技术构造的虚拟学习环境和界面由三部分组成：共享协作空间、资源空间和个人私有空间。

二、通信技术在远程教育中的应用

（一）广播教学

校内教育一般通过广播室广播，校内在各教室、礼堂、会议室、操场等活动场所接收广播，节目可以是教学性质和娱乐性质的。下面以"北京第二外国语学院数字 IP 网络广播应用"为例来介绍具体的广播教学。

北京第二外国语学院将每栋教学楼作为一个小的分区，在广播中心将所有楼任意组合或整体控制定时上、下课铃声。校园内的背景音乐部分分为固定的几个分区，可以同时收听同一音源，也可以分别广播。采用网络化广播系统，利用现有局域网并实现多网合一，减少施工布线。全数字化传输，覆盖整个校区。突破传统公共广播只能下传和由机房集中控制的格局，具有互动功能，终端具有点播、控制和无线遥控功能。

（二）电视教学

1. 农远工程

农远工程是农村中小学现代远程教育工程的简称，也称农村现代远程教育工程，是为促进城乡优质教育资源共享，提高农村教育质量和效益，从 2003 年起开展的以信息技术为手段，采取教学光盘播放点、卫星教学收视点、计算机教室等三种模式将优质教育资源传输到农村的教学方法试点工程。

2. 空中课堂

空中课堂是指利用先进的网络信息技术和现代通信技术，实时直播教师的视频、语音、课件、板书等，把讲课过程实时地搬到网上，对学员端无特别要求，只要能上网,就能加入课堂听课,参与答疑,师生之间通过音频、视频、课件等方式进行实时交互的一种课堂形式。

空中课堂系统可稳定地运行在互联网、专网、教育城域网、卫星网上,并且空中课堂采用成熟先进的分布式架构,确保系统具有强大的并发性,可支持万人同时听课。相较于一般的课堂教学,空中课堂可以跨越时间和空间的限制,让师生在任何时间、任何地点,足不出户就能进行实时而又快捷的课堂交互。

三、人工智能在教育中的应用

(一)智能导师系统(ITS)

智能导师系统是20世纪70年代发展起来的一门新兴的教育技术,是人工智能在教育领域的最初应用。结合虚拟现实技术,与之前的导师系统相比,在人机界面方面有了很多改进。同时借助于多代理系统的优势,在教学策略等方面也有了不少变化。与传统的CAI的开发思路不同,它注重已有知识、人类教学专家的经验和系统推理功能。智能导师系统最大特点是可以集多种教学专家的智慧,进行因材施教。

一个完整的智能导师系统由三个基本模块组成:一是领域知识模块(又称专家模块),它包含了系统试图传授给学习者的知识,代表了专家的智能;二是学习者模型,它指明学习者已知的和未知的知识领域以及学生的认知特点,代表了学生智能;三是教师模型(又称教学策略模块),主要是提供有针对性的教学策略,代表了教师的智能。

(二)智能答疑系统

智能答疑系统是将来自各地学习者的问题和教师的解答有机地组织起来存储至相应的答疑库中,通过自然语言的语意理解技术分析并自动地匹配学习者所提出的问题,自动地给予问题解答的系统。

要实现智能答疑系统的理想效果,需要研究如下内容和关键技术:

(1)标准化技术

只有遵循统一的标准,才能很好地实现学校与学校之间、传统学习的学生与远程学习的学生之间答疑信息的资源共享。问题和答案都是教育资源应该符合有关的国家标准和规范。

（2）自然语义理解技术

目前的答疑系统大部分还是以关键词查询为主，能否实现智能答疑，关键是能否更好地理解自然语言，尽管自然语义理解仍然是一门正在研究的尖端技术，但对于特定的课程，也应争取实现最大程度上的语义理解。

（3）数据统计和挖掘技术

系统采用数据挖掘技术，通过分析学生在课程学习过程中提出的问题，可以发现教师授课过程中的缺陷，教师可以借此调整授课方式和授课内容。同时，系统还可以通过分析学生的提问和浏览、查询行为，分析出学生个性化的学习特征并给出适当的建议。

（4）教育搜索引擎技术

答疑库要和教学资源库成为一个整体。在远程教学环境中，由于教学资源分布在整个Internet上，为了更加有效地进行信息搜集，需要有一个专用于教学资源搜集的搜索引擎。该搜索引擎首先要能自动寻找相关的教育研究站点，扩充搜索数据库，还能够主动定期地向用户发送信息。

总之，设计与开发智能答疑系统，必须从问题的表示、解决问题的手段、答案的表示，以及对最常见的Internet使用方式的支持四个方面加以全面考虑。

（三）在线教育

当前在线教育的模式大致可分为平台类、工具类、内容类、社交类及点评类等几种，其中，工具类占有相当一部分市场份额。诸如，"猿题库""一起作业网""悟空识字"和"学霸君"等在线教育企业都是工具类的，而百度和腾讯也算是由技术驱动的工具类起家，有道词典也进军了在线教育领域，包括受争议的超级课程表等也是工具类的。

我们首先考虑在线教育的优点：在线教育的价格比线下教育要更低廉，课程价格大大降低，如果再遇上打折、促销等活动，价格更是优惠不少。这对大部分家长来说都是相当划算的；在线教育的时间和地点是基本自由的，除了直播课程有规定时间之外，学生观看在线课程并没有地点和时间的限制，这意味着家长不需要接送孩子，降低了人力成本。在线教育最明显的优势就是空间、时间优势，学生可以在任意场合、任意时间去进行学习，不再局限于线下的课堂学习，节约因去固定地点学习造成的时间成本、人力成本和交通费用等，并且可以让学生在最短的时间内学习完全部课程。

在选择学习课程时，人们往往因自我认知不高，导致购买了不适合自己的课程，而影响学习兴趣与积极性。而在线教育支持学员先在各种渠道内试课，人们可以选择先试听公开课，再花钱购买付费课程，相对于线下教育来说，这个优势是不可替代的。很多时候，人们去购买课程，基本都是需要一整套地购买，但可能已经掌握了初级知识，想要学习中级、高级知识，却不支持单独购买，必须全套购买，这个时候需要花费更多的课程费用。在线教育可以设置入门、基础、深度、巩固等模式，以小课模式去进行售卖，这个时候用户可以根据自身知识掌握情况针对性购买课程，不仅能减轻学费上的负担，也能节约很多时间成本，特别是在直播系列课上。

此外，如今的家长偏好也有了变化，不管在一、二线城市还是在三、四线城市，家长对线上教育的偏好程度总体呈现上升的态势。师资力量也出现了变化，许多家长认为线上教育的老师质量不低于线下教育。值得关注的是，由于三、四线城市教育资源的稀缺，线上教育在一定程度上平衡了三、四线城市线下教育的不足。同时结合上文在线教育在中小学的渗透度可知，三四线城市的家长本着"不能输在起跑线"上的态度，将促进线上教育的整体发展。

随着科技的发展和视频网站的推动，催化了一批"名师"，让用户可以通过多个端口自由学习知识。现在用户更喜欢"自主选择"权利，而不喜欢过度商业化和过度营销。而且随着5G的发展，未来"名师经纪人"、名师IP等概念会更频繁被人们所提起。

但是，在线教育同样有不可忽视的弊端。首先，从对老师的影响来看，在教育机构内，老师的薪资水平往往跟老师等级和能教多少学生挂钩。老师等级主要看入职时间，差别并不是特别大。因此，老师课上的学生数量，成了决定老师薪资的关键因素。招聘中的高薪资也是针对大班直播老师，小班课和一对一的老师挣的钱远没这么多。所谓大班直播课，即一堂课的学生人数在1000人以上的网络直播课。有的公开课，能同时有上万人在线。因此，一场网络直播课，考验的不仅是老师的教学水平，更是"引流"的能力。能让学生愿意听课、愿意续费，这对于老师的能力要求就非常高了。网课老师的日子远没有想象中那样轻松。

近年来非常热门的"双师课堂"或"AI教育"本质上是"求快入行"的投机心理，企图在不需要搭建教师团队、不需要做教研、不依赖老师的情况下，又能快速地进入教育行业赚钱，所以在小城市特别流行。而一线城市，相对而言只有极少数机构会把这类项目当作线下教学的补充，并非替代。而一旦借助这些项目入行后，教师就会发现：家长和学生的整体市场认知会是第一个障碍；学生学习习惯、学习基础差是第二个障碍；由于前期没有重视线下老师的招聘和培养，导致学生学完后，效果呈现不佳，家长续费难；后期长期被平台方坐地起价，收取服务费和平台管理费；机构之所以以线下为主，因为学习的过程中更需要情感交流。所以，这样的项目，并不能真正为投资人解决掉老师招聘、培养的问题，也很难解决机构不需要配备专职老师的问题。相关概念当中的学习督导，本质上就是一位具备教学水平的老师。所以从机构经营来讲，只是在短时间之内偷换了老师的概念，只有入行后才会发现，真正学习效果的呈现，是相当依赖线下机构督导老师能力的。

不管是教育行业创业还是教育机构经营，都没有所谓的捷径。作为线下教育的补充，确实可以考虑引入这样的项目，但作为主营项目，即使短期之内能够招到学生，后期也会因为学习效果的问题，不断出现家长不续费和坏的口碑。总而言之，在线教育肯定会是一个好的行业，人们应该对教育科技发展本身怀有信心。AI技术的发展不可阻挡，即便暂时有停滞，从长期历史规律看，相关技术一定会比现在更强，所以教育科技产业并不是完全没有未来。教育产业的领头羊们若能想到要转型，大力发展科技，这个思路就是对的。但是想要翻身，还是要看盈利能不能实现突破性增长，未来可期，但不要盲目乐观。想在双减政策下找到出路，异军突起，并不是一蹴而就的事情。

四、虚拟现实技术在教育中的应用

随着信息时代的发展，数字化三维虚拟仿真技术以其画面逼真精美、运行高效便捷、功能丰富实用、查询管理信息方便等特点逐渐应用在教学领域。

（一）模拟训练

虚拟现实技术在教育中应用最成功的案例就是模拟训练系统的开发与研制。

空间探索和军队战争训练需要花费高昂的费用，需要极高的安全性与可靠性，虚拟现实技术在此领域的应用潜藏着巨大的商机和价值。随着计算机技术和网络的发展普及，虚拟现实技术也延伸到了一般的医学教学、汽车驾驶以及电器维修等需要培养各种操作技能的领域。

（二）虚拟实验室

虚拟实验室由虚拟现实应用开发平台——包括软件平台和硬件平台、高性能图像生成及处理系统、立体式沉浸性虚拟三维显示系统、虚拟现实交互系统——虚拟现实数据手套、头盔等和集成应用控制系统组成。利用虚拟现实技术建立的各种虚拟实验室在教育上应用前景广阔，尤其在物理、化学、生物等需要实验的学科中更是如此。创建虚拟实验室，可以摆脱真实实验所需要的昂贵设备，还原基本接近真实的实验效果。虚拟实验室也可以是协作式虚拟环境（Collaborative Virtual Environments，CVE）中的一种，高级的 CVE 系统甚至能模拟真实实验室中学习者之间以协作方式为主的、需要共同完成的学习任务。学习者可以在跟真实实验室几乎相同的学习环境中学习。虚拟实验室具有如下特点：

（1）成本低

虚拟实验室基于 VR 在可视化方面的强大优势以及可交互地探索虚拟物体的功能，对对象进行几何、功能、制造等方面交互的建模与分析。学习者既可以在虚拟实验室动手操作，又可自主设计实验，有利于培养学习者的操作能力、分析诊断能力、设计能力和创新意识。

（2）效率高

虚拟实验室省去了大量的基于物理原型实验的简单劳动，学习者集中精力研究实验对象本身的特性和规律。学习者在其中更易获得相关的知识、科学的指导和敏捷的反馈，帮助学习者建立科研的思维能力。例如，模拟动物实验的整个操作步骤，包括动物的麻醉、手术及信号的记录。通过对未知药物对动物机体造成的反应对药物进行识别。

（3）功能全

虚拟实验室的数据库可做到规格品种齐全，并易于升级换代和增加新品种，从根本上解决了因实验元器件和仪器仪表不全而影响实验的问题。

第二章 大学英语教学概况

本章主要介绍了大学英语的教学概况，依次阐述了大学英语教学的内涵解析和理论依据、大学英语教学的要求和原则、大学英语教学的现状和影响因素三方面内容。

第一节 大学英语教学的内涵解析和理论依据

一、内涵解析

（一）大学英语教学的内涵与界定

作为一项活动，教学贯穿于整个人类社会的生产与发展过程中。也就是说，教学在原始社会就产生了，只不过原始社会将教学与生活本身视作一回事，并不是将教学视作独立的个体存在。但是，随着社会的不断发展，教学逐渐独立出来，成为一个单独的形态，并对人们的生产生活产生了重要的影响。由于角度不同，人们对教学概念的理解也不同，因此作者从常见的几个定义出发进行解释。

有人认为教学即教授。从汉字词源学上分析，"教"与"教学"有着不同的解释，但是在我国教育活动中，人们往往习惯从教师的角度对教学的概念进行解释，即将教学理解为"教"，因此"教学论"其实就等同于"教论"。

有人认为教学即学生的学。有些学者从学生"学"的角度对教学进行界定，认为教学是学生基于教师的指导，对知识进行学习的过程，从而发展学生自身的技能，形成自身的品德。

有人认为教学即教师的教与学生的学。教师与学生将课程内容作为媒介，为了实现共同的目标，彼此共同参与到活动中。也就是说，教学不仅包含教，还包含学，教与学是同一过程的两个方面，彼此相辅相成、不可分割。教学的根本目的在于促进学生的进步和发展。因此，这一观点是对前面两个观点的超越。

有人认为教学即教师教学生学。对于这一观点，其主要强调的是教师指导学生"学习"，即教师"教学生学"，这一观点强调教师要教会学生学习，重视学生学习方法的传授等，让学生学会自主学习。

（二）大学英语教学的属性

1. 有目的、有计划，具有系统性

说教学具有计划性、目的性，主要在于教师是为了让学生获得知识与技能，实现多层面的发挥。在教学活动中，教师需要从教学任务与教学目的出发，将课程内容作为媒介，通过各种方法、手段等引导学生进行交往与交流，促进学生的全面发展。

大学英语教学系统性主要体现在其制定者的工作中，如教育行政机构、教研部门和学校的教学管理者等的工作。大学英语教学的计划性指的是对英语基础知识的计划性教学，如大学英语语音、词汇、语法、写作、阅读等具体知识和技能的传递。

2. 教师教与学生学相统一

通过前面对教学的定义进行的介绍可知，无论从哪个角度而言，人们都不能否认教学活动是"教"与"学"的过程，且二者是相互制约、相互依赖的关系。在课堂中，教师的教离不开学生的学，学生的学自然也离不开教师的教，因此二者是同一过程的两个层面。正如王策三在《教学论稿》中所说："所谓教学，乃是教师教、学生学的统一活动；在这一活动中，学生掌握自身需要的知识与技能，同时促进自己身心的发展。"

需要指明的是，大学英语教学并不是教与学的简单相加，而是教师指导学生学习的过程，是二者相统一、相结合的过程。要想保证教与学的统一，不能片面地强调只有教或者只有学，也不能片面地简单相加，而应该从学生自身的学习规律与身心发展特点出发，进行教与学的活动。从这一点来说，教师教学能否成功的关键是学生的学。

3. 教师与学生以课程内容作为媒介

也就是说，在教师教与学生学之间，课程内容充当中介与纽带的作用。师生围绕这一纽带开展教学活动。因此，大学英语课程内容是教学活动开展的必要条件。

4. 以建构意义作为本质

大学英语教学活动的目的在于促进学生的全面发展，实际上这一目的实现的过程就是学生不断建构知识意义的过程，即学生对原有知识与经验进行重组，对新知识的意义加以建构的过程。在实际的学习中，学生只有将新旧知识的意义结合起来，才能真正地学好知识、掌握知识。

二、理论依据

（一）语言本质理论

1. 语言结构与实际话语

美国描写主义语言学和结构主义语言学的代表人物，有博厄斯（F.Boas）及其学生萨丕尔（E.Sapir）。他们对美洲印第安人百来种土著语言的描写，开创了描写语言学和结构语言学的先河。布龙菲尔德（L.Bloomfield）的《语言学》的出版，标志着结构主义语言学的诞生，并在20世纪30年代初至50年代末，成为世界上占统治地位的语言学流派。布龙菲尔德完全赞同索绪尔把语言区分为语言和言语两个方面的观点，并根据这一观点，把语言区分成语言结构和实际话语两个因素。

（1）语言结构。语言结构的特征对社团全体说话者来说都是一样的，是语音、语法范畴和词汇等组成的一个严格系统。语言系统，是一个语音、词汇、语法习惯的稳定结构，是一个语言社团可能说出的话的总和。

（2）实际话语。实际话语（即言语）的特征是语言系统未固定的方面，各方面各不相同，而且在系统的特征上都是因时因地和因具体情境无限变化的。实际上布龙菲尔德描述习惯的、稳定的和严格的语言结构系统与实际话语的区别特点与索绪尔的语言与言语的内涵完全一致。

2. 语言与言语行为

英国语言哲学家奥斯汀（Austin）的言语行为理论首次将语言研究从传统的句法研究层面分离开来。奥斯汀从语言实际情况出发，分析语言的真正意义。言语行为理论主要是为了回答语言是如何用之于"行"，而不是用之于"指"的问题，体现了"言则行"的语言观。奥斯汀首先对两类话语进行了区分：表述句（言有所述）和施为句（言有所为）。在之后的研究中，奥斯汀发现两种分类有些不成熟，还不够完善，并且缺乏可以区别两类话语的语言特征。于是，奥斯汀提出了"言语行为三分说"，即一个人在说话时，在很多情况下，会同时实施三种行为：以言指事行为、以言行事行为和以言成事行为。

3. 语言与会话分析

要想了解会话含义，首先需要弄清楚什么是含义。从狭义角度上说，有人认为含义就是"会话含义"；但是从广义角度上说，含义是各种隐含意义的总称。含义分为规约含义与会话含义。美国语言哲学家格赖斯（H.P.Grice）认为，规约含义是对话语含义与某一特定结构间关系进行的强调，其往往基于话语的推导特性产生。

会话含义主要包含一般会话含义与特殊会话含义两类。前者指发话者在对合作原则某项准则遵守的基础上，其话语中所隐含的某一意义。

特殊会话含义指在交际过程中，交际一方明显或者有意对合作原则中的某项原则进行违背，从而让对方自己推导出具体的含义。因此，这就要求对方有一定的语用基础。

提到会话含义，就必然提到合作原则，其是会话含义的最好的解释。合作原则包括下面四条准则。

（1）量准则，指在交际中，发话者所提供的信息应该与交际所需相符，不多不少。

（2）质准则，指保证话语的真实性。

（3）关系准则，指发话者所提供的信息必须与交际内容相关。

（4）方式准则，指发话者所讲的话要清楚明白。

（二）语言学习理论

1. 行为主义学习理论

行为主义学习理论源自著名生理学家巴甫洛夫（Pavlov）的"条件反射"这一概念。受巴甫洛夫的影响，很多学者开始研究行为主义理论，如著名的学者华生（Watson）与斯金纳。

美国著名的心理学家华生创立了行为主义学习理论。20世纪初期，他提出了采用客观手段对那些可以直接观察到的行为进行研究与分析。在他看来，人与动物是一样的，任何复杂的行为都会受到外界因素的制约与影响，并往往需要通过学习才能获得某一行为，当然在这之中，一个共同的因素——刺激与反应是必然存在的。基于此，华生提出了著名的"刺激—反应"理论，这一著名的行为主义心理学公式可以表示为：S—R，即 Stimulus—Response。

美国学者斯金纳在华生行为主义学习理论的基础上进行了深入的研究与探讨。在斯金纳看来，人们的言语及言语中的内容往往会受到某些刺激，这些刺激可能来自内部的刺激，也可能来自外部的刺激。通过重复不断的刺激，会使得效果更为强化，使得人们学会合理利用语言相对应的形式。在这之中，"重复"是不可忽视的。

行为主义学习理论在实际教育中的应用普遍可见。例如，在课堂教学中，对于认真听讲的学生，教师会不吝表扬，这部分学生受到激励后会保持认真听讲的态度与行为，而不认真听讲的学生为了可以受到表扬，也会转变学习态度，认真听讲。事实上，让上课不认真的学生变得认真是教师表扬上课认真听讲的学生的主要目的。

下面简要归纳行为主义学习理论的基本观点。

（1）学习是刺激与反应的连接。

（2）学生的学习过程是尝试错误的渐进过程。错误在学习中难免会出现，对此要正确看待。

（3）表扬、批评等强化手段是影响学习的重要因素。

对于英语教学而言，行为主义学习理论有着重要的指导意义。具体而言，主要体现为如下几点。

（1）即时反应，即位于刺激后的反应，二者有着较长的间隔，反应会逐渐淡化。

（2）重视重复，即通过重复，能够加深学生对知识的记忆程度，从而使行为发生得更为持久。

（3）注意反馈，即教师应该让学生明确反应是正确的反应还是错误的反应，然后给出具体的反馈。

（4）逐步减少提示，即减少学生的学习条件，然后期待学生朝向理想的程度发展。

总之，行为主义学习理论促进了视听教学、程序教学及早期 CAI 的发展。但是，行为主义学习理论也存在着一些缺点：它是对人类学习的内在心理机制的完全否定，将动物实验的结果直接生搬硬套地推到人类学习上，忽视了人类能够发生主观能动作用，其实是走向了环境决定论和机械主义的错误方向。

2. 认知主义学习理论

认知主义学习理论认为学习个体本身会对环境产生这样或那样的作用，大脑的活动过程能够向具体的信息加工过程转化。布鲁纳、苛勒、加涅和奥苏贝尔等是认知主义学习理论的主要代表人物。

人要在社会上生存，必然要与周围环境互相交换信息，作为认知主体的人也会与同类发生信息交换。人是信息的寻求者、形成者和传递者，从一定意义上来讲，人的认识过程也就是信息加工的过程。

认知学习理论的基本观点为，在外界刺激和人内部心理过程的相互作用下才形成了人的认识，而不是说只通过外界刺激就能形成人的认识。依据这个理论观点，可以这样解释学习过程，即学生从自己的兴趣、需要出发，将所学知识与已有经验利用起来对外界刺激提供的信息进行主动加工的过程。

从认知学习理论的基本观点来看，教师不能简单地将知识灌输给学生，而要将学生的学习动机激发出来，对学生的学习兴趣进行培养，使学生能够将已有的认知结构和所要学的内容联系起来。学生的学习不再是被动消极的，而是主动选择与加工外界刺激提供的信息。

认知主义学习理论认为，影响学生学习的因素中，学生自身已有的认知结构具有非常重大的影响，在教学中应将教学内容结构直观地展示给学生，让学生对各单元教学内容之间的相互关系有深入的了解。

3. 建构主义学习理论

建构主义学习理论认为个体与外部环境的交互作用使得知识得以产生，人们会从自己的已有经验出发来理解客观事物，每个人对知识都有自己的理解和判断。维果斯基、皮亚杰等是建构主义学习理论的主要代表人物。

建构主义学习理论认为，学生是在一定情境下通过自己的主观参与，同时借助他人的帮助，通过意义建构的方式获得知识，而不是通过教师传授得到知识的。

建构主义教学理论要求教师在学生主动建构意义、获取知识的过程中起到帮助和促进的作用，而不是给学生简单灌输和传授知识。因此，在教学过程中，教师首先要转变教育思想，改革教学模式。学生是在一定的学习环境下获取知识的，学生在获取知识的过程中需要主观努力，也需要他人帮助，而且也离不开相互协作的活动。建构主义学习理论要求有利于学生获取知识的学习环境应具备情境创设、协作、会话、意义建构等基本属性或要素。下面具体分析这四个基本要素。

学习环境中必须要具备对学生意义建构有利的情境。在建构主义学习环境下，教师要基于对教学目标的分析与对学生建构意义的情境创设问题的考虑而设计教学过程，并在教学设计中把握好情境创设这个关键环节。

在学生的整个学习过程中都离不开协作，如学生收集与分析学习资料、提出和验证假设、评价学习成果及最终建构意义等都需要不同形式的协作。

在协作过程中，会话这个环节是不可或缺的。学习小组要完成学习任务，必须先通过会话来商讨学习的策略。学习小组成员之间协作学习的过程也是相互不断会话的过程，在这个过程中，学生的学习资源包括智慧资源都是共享的。

意义建构就是学习过程的最终目标。建构的意义是事物本质、事物原理、事物与事物之间的内在联系。在学习中帮助学生构建意义，也就是在帮助学生理解学习内容所反映的事物本质、原理及与其他事物之间的内在联系。

4. 二语习得理论

除了对第一语言习得的关注，心理语言学对第二语言习得也非常注重。所谓第二语言习得，即人们的第二语言的形成与发展的过程，其与第二语言学习有所不同，各有侧重。

作为一门独立的学科，二语习得理论真正形成于20世纪70年代。该理论的主要代表人物是美国南加州大学语言学系的教授克拉申（S.Krashen）。克拉申是在总结自己和他人经验的基础上提出这一理论的。

二语习得理论主要对二语习得的过程与本质进行研究，描述学生如何对第二语言进行获取与解释。对于这一理论的研究，学者克拉申作出了巨大贡献，并提出五大假设。

（1）习得—学得假说

所谓习得，指学生不自觉地、无意识地对语言进行学习的过程。所谓学得，即学生自觉地、有意识地对语言进行学习的过程。

（2）自然顺序假说

克拉申提出的这一假说主要强调语言结构的习得需要一定的顺序，即根据特定的顺序来习得语法规则与结构。当然，这也在第二语言习得中适用。

在英语作为第二语言习得过程中，人们对进行时的掌握是最早的，对过去时的掌握是比较晚的；对名词复数的掌握是比较早的，对名词所有格的掌握是比较晚的。

（3）监控假说

克拉申的监控假说区分了习得与学得的作用。前者主要用于输出语言，对自己的语感加以培养，在交际中能够有效运用语言；后者主要用于对语言进行监控，从而检测出是否运用了恰当的语言。

同时，克拉申认为学得的监控是有限的，受一些条件的影响和制约，具体归纳为如下三点。

①需要时间的充裕。

②需要关注语言形式，而不是语言意义。

③需要了解和把握语言规则。

在这些条件的制约下，克拉申将对学生的监控情况划分为三种。

①监控不足的学生。

②监控适中的学生。

③监控过度的学生。

（4）输入假说

克拉申的输入假设和斯温纳（Swain）的输出假设是从两个不同的侧面来讨论语言习得的观点，都有其合理成分，都对外语教学有一定的启示。输入假说的内容主要有以下几点。

①与习得有着紧密关系而非学得。

②掌握现有的语言规则是前提条件。

③"i+1"模式会自动融入理解中。

（5）情感过滤假说

"情感过滤"是一种内在的处理系统，它在潜意识上以心理学家们称为"情感"的因素阻止学习者对语言的吸收，它是阻止学习者完全消化其在学习中所获得的综合输入内容的一种心理障碍。

克拉申的情感过滤假说是指在第二语言习得中,将情感纳入进去。也就是说,自尊心、动机等情感因素会对第二语言习得产生重要影响。

克拉申把他的二语习得理论主要归纳为两条:习得比学习更重要;为了习得第二语言,两个条件是必需的:可理解的输入(i+1)和较低的情感过滤。

(三)需求分析理论

需求分析理论对英语学习策略具有重要的指导意义。学习策略的选择只有以需求分析为基础,才能提高其有效性。因此,下面就对需求分析理论进行概述,主要内容涉及需求分析的内涵、对象、内容、过程及启示五个层面。

1. 需求分析理论概述

需求分析有广义与狭义之分。广义的需求分析是指学习者除了自身的学习需求外,还需要考虑单位、组织者、社会等其他方面的需求。狭义的需求分析则仅涉及学习者个人自身的学习需求。

在语言教育领域中,最早出现的需求分析是针对专门用途英语展开的。在专门用途英语的学习中,学习者的学习需求主要表现在为了达到某些目标所需求的语言知识、语言技能而展开学习。后来,随着高校英语教学的深入发展,"需求"的应用范围越来越广泛,涉及语言、教材、情感等方面的人的需求、愿望、动机等。

2. 对象

需求分析的对象包括以下四个方面。

(1)学习者。这主要包括学生以及其他有学习需求的学习者。

(2)观察者。这方面主要包括教师、教学管理人员、助教、语言项目的相关领导等。

(3)需求分析专家。这主要是指专业人员或者具有丰富经验的大纲设计教师等。

(4)资源组。这方面指的是能够提供学习者信息的人,如家长、监护者、经济赞助人等。

3. 内容

一直以来,众多学者对需求分析展开了研究,不同学者对这方面的研究存在不同视角,所得出的成果自然也存在差异。同样,对于需求分析的内容,不同学者也提出了不同的看法。

(1) 哈钦森和沃特斯的观点

学者哈钦森和沃特斯认为，需求分析包括目标需求、学习需求两个方面。其中，目标需求指的是学习者在目标情景中所能掌握的可以顺利使用的知识、技能。另外，这两位学者又进一步将目标需求分为必备需求、所缺需求、所想需求。学习需求指的是学生为了掌握所需要掌握的知识内容所进行的一切准备活动。

(2) 布朗的观点

学者布朗认为，学习需求在内容上可以分为以下三大类，他认为这种分类方式可以有效缩小需求分析的调查范围。

①形式需求与语言需求。
②语言内容的需求和学习过程的需求。
③主观需求和客观需求。

(3) 伯顿和梅里尔的观点

伯顿和梅里尔认为需求分析涉及如下六大层面。

①预期需求，即将来的需求。
②表达需求，即个体将感到的需求进行表达的需求。一般来说，这可以采用多种形式，可以是座谈，可以是面谈，还可以是观察等，便于对方提取信息，从而对表达需求予以确定。
③标准需求，即学习者个体与群体的现状与既定目标间存在的某些差距。
④感到的需求，即个体感受到的需求。
⑤相比需求，即通过对比找到个体与其他个体的差距，或者同类群体之间的差距。
⑥批判性实践的需求，即一般不会轻易发生，如果发生那么必然会导致某些严重的后果的一种需求。

(4) 布林德利的观点

布林德利认为需求主要包含如下两大层面。

①主观需求，即学习者学习语言的情感、对语言学习的认知层面的需求，包含对语言学习的态度、是否持有自信心等。
②客观需求，即学习者性别、年龄、背景、婚姻状况、当前的语言水平、当

前从事的职业等各方面的信息。

4. 过程

（1）制订计划

需求分析的第一步就是制订计划，这一步骤非常关键。首先，制订计划要对需求分析的时间加以确定，具体来说包含三个阶段：课前阶段、课初阶段、课中阶段。其次，对需求分析的对象进行确定，其涉及教师、学生、文献等。最后，对研究方法加以设计，并确定采用何种技术进行数据的收集。当然，在其中应该确定需求分析由哪些人进行参与。

（2）收集数据

在进行需求分析的过程中，可以运用工具和程序，对数据与资料进行收集。一般来说，数据收集的方式可以是观察得到的，也可以是案例分析得到的，还可以是访谈或者调查得到的，除此之外还可以是测试、观摩等。在实际的操作中，我们可以具体问题具体分析，从不同的因素加以考量，这样才能保证调查结果更为准确、科学。

（3）分析数据

分析数据就是对数据展开排列和优化，从而形成结论。在分析的过程中，应该采用合理的数据分析方法，并且与自身的研究目的相一致。

分析方法存在差异，那么研究方法也存在差异，这时候可以从整体上对学生的需求加以满足，如在测试结果分析中，对及格人数的百分比进行分析，并研究单项技能通过率的平均值；在问卷结果分析中，对各个选项的人数与百分比进行计算。

（4）写分析报告

需求分析的最后一个环节就是写分析报告，在这一阶段，可以总结需求分析的对象、过程以及学习的目标，基于数据分析的结果，用简要的图表或者文字将结果表达出来，并提出合理的建议。

在需求分析时，一些问题需要注意，具体来说主要有如下几个问题。

①特定环境下如何定义需求。

②在现实问题中需求的实质。

③需求的程度及其严重性。

④需求的原因以及具体动机。

⑤需求的预报。

⑥需求问题的数据分析。

⑦需求的范畴、种类等，以及需求分析的复杂性。

⑧需求所包含的成分。

⑨需求重点考虑哪些问题。

⑩关注需求引起的后果。

⑪未关注需求引起的后果。

总之，需求分析的过程需要遵循有效性、可靠性、可用性的原则。需求分析的反馈结果可以为今后学生的学习和课程的设置提供一定的指导和理论依据。

5. 对英语教学的启示

需求分析理论对英语教学的启示主要体现在以下两个方面。

（1）突出英语重难点

大学英语教学往往是在教学目标的指导下展开的，所以需要明确教学的重点与难点，如此才能有针对性地展开教学。可见，教学重难点是为整体教学目标提供服务的。

需求分析有助于确定教学中的重难点问题。实践证明，国内大学生对于听力学习、阅读学习以及口语学习都存在困难，因此在对教学目标进行规划时，可以将其视作重难点。而目标的多样性决定了重难点也是多种多样的。

当我们把英语教学目标从认知向非认知扩展的时候，也需要重点和难点的相应扩展；当我们把教学重心从认知向非认知转移的时候，也需要重点和难点的转移。

（2）提升教学设计的效果

通过需求分析，可以对教学设计的必要性与可能性进行充分的论证，旨在使教师与学生可以集中精力，对教与学中的重难点问题加以解决，从而不断提升教与学的质量和效率。

具体来说，通过需求分析，教师可以对"差距"资料进行准确地把握，基于此来设计教学目标，同时需求分析可以作为教学目标、教学策略等设定的依据。

因此，需求分析对于大学英语教学而言是十分重要的，甚至决定着大学英语教学的成败，需要教育者加以关注。

第二节　大学英语教学的要求和原则

一、大学英语教学要求

2004年教育部颁布了《大学英语课程教学要求（试行）》，经过3年试行后，2007年7月教育部印发了修订后的《大学英语课程教学要求》，为全面实施大学英语教学改革，提出了明确的目标和策略。

（一）教学目标定位

2007年颁发的《大学英语课程教学要求》(以下简称《课程要求》)明确规定：大学英语的教学目标是培养学生的英语综合应用能力，特别是听说能力。这一规定在英语教学中带来了突破，也就是在协调发展听、说、读、写作、翻译各种能力的过程中，将听和说作为英语教学的重要内容，此举是对学生和市场需求进行调查分析的最终结果。随着社会的不断发展，对学生的英语能力也逐渐有了更高的要求，同时也急需丰富教学内容，使学生的英语运用能力得到平衡发展。学生在中学阶段已经掌握了一定的英语语言知识，虽然具备了初步的阅读能力，但在综合运用能力方面没有掌握。学生的欠缺方面仍然是听、说和写作，但大多的国际交流都是在听、说和写作中进行的，如今，伴随着国际交流的频繁进行，英语中的读，已经满足不了社会和经济发展的需求了。所以，大学英语教学要在听、说、读、写作和翻译的基础上，将侧重点放在能让学生运用英语知识，并转变为英语的综合运用能力，且以听、说、读、写作、翻译这五部分共同发展的大学英语教学目标更符合语言学习的认知特点，同时也符合习得理论的观点。培养学生自主学习的能力是教育的目的，这是为了即使学生离开了学校也能去主动获取信息，使得学生能成功进行信息的交流。

在大学英语教学中，教育目的就是培养学生在学习和使用语言过程中的策略意识与能力，在学习策略的选择上，让学生选择适合自己的策略，并能自觉监控和管理自己的学习过程，对自己的学习能力能进行正确的反思与评价，从而培养自主学习的能力，为终身学习做好铺垫。

1. 能力要协调发展

教学大纲中教学目的的提出是对大学英语教学的总体把握，是大学英语教学的行动指南，是对其精神的理解，对英语教育管理和教学来说，起到了至关重要的作用。大纲通过不断改革与修正，科学合理地将听、说、读、写、译五项技能作为综合能力加以要求，突出了听、说的地位。在国际交流日渐频繁的今天，强调大学生英语综合应用能力的培养是与时代要求相一致的。同时，又因为读、写在语言学习中的自然地位，在教学中实际出现了五种技能都不能偏废的局面。五种技能由于时间和空间的关系，不可以被分散开而逐项进行，它不是听、说、读、写、译各项技能的简单组合，而是在充分注意到各项技能之间内在联系的基础上，注重各项活动之间的衔接和互补，从而使其有机地融为一体。整体语言教学法也认为，语言是一个整体，语言能力的发展和培养是整体性的，语言教学应从整体出发，将五种技能融为一体，在英语教学中，以听、说作为主旋律，贯穿读、写和译，或者读、写以听、说的形式来进行表达，淡化教材内容，改变传统教学中大量机械的讲解与生硬的练习而忽视听、说交际的现象。强化听、说交际的运用，能使学生在动的过程中体会语言的魅力，获得成就感，从而大大激发并保持学习兴趣。它还主张语言知识和技能应通过自然的语言环境加以培养，从而在更有效地提高学生听、说能力的同时全面发展他们的综合语言表达能力，为学生语言技能的发展找到合适的平台，培养学生的语言实践能力和对语言的感悟力和创造力。

2. 重知识传授转向重语言能力和文化素养培养

随着语言教学的改革与语言文化研究的深入，人们对外语教学的本质达成一种共识，即脱离了文化教学的纯粹语言输入，很难培养出具备高文化素养、能够承担跨文化交际能力的外语人才。知识指对事物属性与联系的认识，表现为对事物的知觉、表象、概念、法则等心理形式。外语教学界普遍认为，知识指外语语音、词汇、句型和语法等方面的知识；能力一般仅指外语交际能力。长期以来，大纲将重点放在语言知识的传授上，或认为知识的传授会使能力自然生成，导致对能力和文化素质培养的忽视。然而，学习外语的终极目的是获得运用外语进行交际的能力。尽管语言知识的学习和吸收将为习得这种能力打下基础，但是若将语言和其背后包含的文化因素强行分离，不将这些知识运用于实践，就无法促进语言知识的技能化和学生文化素养的提升。在英语教学实践中，1999年之后的大纲不再过分强调语言的工具性，而是加入了对人文素养的要求。语言具有文化载蓄功能，语言本身就是完整的文化系统。外语教学所要求的培养学生应具备用所学语言进行跨文化交际的各种素养，绝不是只限于口头的理解和表达能力，还包括书面语的理解和表达能力，更是一个文化移入的过程，要求语言习得者不仅要具有听、说、读、写、译能力，还要有社会文化的适应能力，即在使用第二语言进行交际时所具有的社会文化领悟力和应变能力，这是外语教学中跨文化交际能力形成的关键。

（二）课程设置科学合理

《课程要求》规定各大高校在设计本校的大学英语课程时，要符合本校的实际情况，将必修课程与选修课程结合起来，如语言技能类、语言文化类、综合英语类、语言应用类和专业英语类等，目的就是在英语应用能力方面，能让不同层次的学生得到训练并提高英语水平。同时还规定了"大学英语课程不仅是一门语言基础课程，也是拓宽知识、了解世界文化的素质教育课程，兼有工具性和人文性。因此，设计大学课程时也应当充分考虑对学生的文化素质培养和国际文化知识的传授。"在课程结构上，大学英语可以设置成"必修课+限选课+任选课"的多元化的大学英语系列课程，而不是仅仅作为一门公共基础课，在这多元化的大学英语系列课程上，要坚持三种平衡，即必修课与选修课的平衡、输入与输出的平衡、语言与文化的平衡。通过高质量的语言学习、多样的学习任务和逐渐增长的技能转换训练，有效地训练学生的通用英语技能，如英语使用技能、跨文化能力、自主学习能力和综合文化素养等；语言课程也要由本土型转变为国际型。设计的大学英语课程体系不仅要科学、系统，同时还要根据学生的个性化要求进行设计。大学英语课程体系的"科学"属性就是要符合教育规律，尤其是要符合外语的教育规律；"系统"属性就是在课程体系内部，各个课程之间要独立存在，同时相互之间还要有联系，从而共同组成一个相互促进的完整体系；"个性化"就是以学生为主体，既要尊重学生的个性，又要发展学生的个性，做到有针对性地教学。简而言之，在构建大学英语课程体系时，要注意以下几方面，即学生层次、培养目标、知识体系的系统性和学生个性化的发展需要等方面，同时在课程体系内还要包含英语基础知识的掌握和应用、英语语言运用技能的培养、培养实用英语的应用能力、英语国家社会文化知识的学习以及专业英语的学习。

因此，在设置大学英语课程时，要做到个性化，考虑到学生起点的差异，重点关注起点较弱的学生，同时为起点较好的学生留出发展的空间；能为学生铺垫更加牢固的语言基础，同时还能培养较强听和说的实际应用能力；确保学生的英语语言能力在整个学年内持续发展，同时还要满足学生的个性化学习，以满足不同学生的专业发展需求。

（三）教学模式的主次定位

《课程要求》对我国当代的大学英语教学模式也提出了更高的要求。各大高校要在现代信息的基础上，采用计算机和课堂的教学模式进行教学，改变传统的以教师为中心的教学模式。新的教学模式要以现代信息技术为基础，可以采用网络技术进行教学，不再受时间和空间的限制，使英语教学向个性化和自主式学习的方向发展。

1. 培养学生自主学习能力

在研究成功英语学习者时，人们发现主观努力是其成功不可忽视的因素。教师也深刻认识到这一点，明白他们在教学中应该是帮助者，而不仅仅是知识传播者。语言学习的最终目标是"授人以渔"，而不是"授人以鱼"，让学习者由过去接受知识的被动者转变成构建知识的主动者。学习上角色的转变将使学习者在学习过程中通过主动地探索、思考来建构认知结构和认知策略。自主学习是指学习者可以调节自己的学习行为，设定自己的学习目标，选择适合自己的学习方式，并制订学习计划，监控自己的学习过程，督促学习计划的实施和学习技能的运用与发展，并对自己进行监督和评价。提高大学英语课堂教学效果的另一个重要方式就是培养学生的自主学习能力。在培养学生的自主学习能力上教师要做好以下几个方面：一是要指导学生充分了解自己的英语水平现状；二是指导学生对症下药，逐步克服自己的劣势和壮大自己的优势；三是指导学生正确地进行自我评价。教师可以细化学生学习英语的技能，分别找出影响自主学习能力的原因，找到改进的途径。教师在向学生介绍具体的评价方式的同时，要使学生认识客观的评价标准，懂得学习中的某些停滞和挫折是语言学习的必然过程，这将有利于学生克服焦虑，建立信心和成就感，并在英语学习中逐步形成较强的自主学习能力，并受益终身。

2. 利用多媒体、互联网教学手段

多媒体和计算机将会成为今后英语语言教学的主要潮流。利用多媒体进行教学可以使英语教学结构更加完善，同时还能带来更好的学习实践环境，从而提高课堂教学效率。多媒体是一个集文字、影像、图像、声音和动画为一体的工具，它有着良好的交互性。其创设的情境是录像、幻灯片比不了的，多媒体的情境创设更生动、新奇、充满趣味性，更容易将课堂教学的重点和难点凸显出来，同时能提供较多的语言实践机会，这不仅符合英语教学的交际性和实践性，也对培养学生的学习兴趣和提高英语素质都具有积极的作用。使用多媒体还可以为教学提供不同的教学方法，使课堂内容更加丰富，获得最佳的教学效果。互联网是迄今为止人类最大的信息库，拥有最多样化的材料。英语教师可以利用互联网与世界各地的同行进行交流，了解国际上英语教学的最新发展，交流教学资源和研究成果，下载软件以改进教学方法，同时还能在网上查阅资料，以此来丰富教学内容。同时教师要积极引导学生利用互联网参与国际交流，促进英语语言的训练。互联网可以提供各种各样有关英语方面的学习材料，这不仅大大改善了英语的学习条件，同时也将我国与英语国家的关系变得更为紧密。我们可以利用互联网得到我们想要的学习资源，如观看免费的英语杂志、观摩英语教学网页、登录英语教学论坛、结交外国朋友、锻炼英语口语能力等。这些条件都可以激发学生学习英语的积极性，从而培养学生的自信心，提高教学效果。

二、大学英语教学原则

（一）可行性

英语教学中的教学设计是为课堂教学所做的系统规划，要真正成为现实，必须具备两个可行性条件：一是符合主客观条件，二是具有可操作性。

符合主客观条件是教师实施教学设计的重要条件，主观条件是指教师应考虑学生的年龄特点、已有知识基础及生活经验，教师只有遵循学生的认知规律，尊重学生身心发展的特点，立足学生的生活经验和学习基础，在综合分析的基础上进行教学设计，才能增加设计的针对性，更具有实效性。如果教学设计背离了学生的年龄特点，超出了学生的认知能力范围和脱离了生活实际，是不可行的。

客观条件是指教师进行教学设计需要考虑教学设备、地区差异等因素。教师首先要了解学校所处的地域环境和教学条件、学生的学习能力等客观因素，了解学校能够提供什么样的教学设施。教学的环境和条件、学生的学习能力是教师进行教学设计的重要参考。如果教师不考虑教学的客观条件，只凭自己的主观设计，不考虑地域学生的差异，把目标拔得太高，教学设计也是无法落实的。

具有可操作性是教学设计应用价值的基本体现。教学设计的出发点是为指导教学实践作准备，应能指导具体的教学实践，而不是理想化地设计作品。教师的教学设计要在教学实践中检验，去验证设计的理念是否正确，方法是否恰当，学习效果是否满意，这样才能体现教学设计指导教学的作用。

（二）趣味性

英语教学的目标是要培养学生综合运用语言的能力和学习英语的兴趣。英语教学不仅要符合学生的知识、认知和心理发展水平，还要充分考虑学生的兴趣、爱好、愿望等学习需求，紧密联系学生的实际生活，设计生动活泼、形式多样、趣味性强的学习活动，创设愉快的语言运用情境，引导学生积极参与，提高学生的学习兴趣，加强其学习动机。例如，根据不同学段学生的年龄特征，设计不同的任务型教学，创设不同的情境，采用不同形式的教学媒体，使课堂教学生动活泼。

（三）互动性

根据生态的基本观点，任何事物都处于一定的关系中，学校是教育生态系统的子系统，在学校这个子系统中，教师与学生作为其中的两个因子相互作用与交往。教师与学生之间是一种以学生最终的发展为目的而联系在一起的共生关系。教学过程中信息的传递是相互的、双向的。只有教师与学生之间的互动保持相对平衡性、有序性，他们才能有效发挥各自的作用，进而实现和谐统一的发展。如果教师和学生之间的互动被打破，那么教育要素之间的平衡也会被打破，这不仅会损害师生自身的发展，也会损害整个学校甚至整个教育生态的发展。师生之间的交流与沟通是一种连续不中断的过程，在不断的动态变化发展中寻找平衡点。教师不断提高自身的教学水平与理论水平，从而应用到实践教学中，促进学生的可持续发展。学生获得的成绩也体现了教师的价值，并且是对教师的一个鼓励。

因此，在大学英语教学中，师生之间是一种相互依存、共同发展的关系。

（四）系统性

英语教学的设计是一项系统工程，系统中的各要素相当于子系统，既相对独立，又相互依存、相互制约，组成一个有机的整体。教学设计各子系统的排列具有程序性的特点，即各子系统有序地成等级结构排列，而且前一子系统制约、影响着后一子系统，而后一子系统依存并制约着前一子系统。一个规范的教学一般由教材分析、学情分析开始，根据分析结果，确定教学目标。

从形式上看，教材分析、学情分析和教学目标是相对独立的，但又是相互依存的。学情分析制约着教学目标，教学目标的制定建立在学情分析的基础上，它们彼此之间存在着内在的逻辑关系，它们之间的逻辑性是保证前后各要素相互衔接的前提。在这种逻辑的基础上，一旦教学目标明确了，教学重点、教学难点就能够确定了。

重点、难点是教师选择教学方法的重要指标和依据，它在一定程度上决定了教师选择什么样的方法突出重点、突破难点，以实现教学目标。所以，教学设计的程序是无法随意改变的，教学设计中教师应遵循其程序的规定性及联系性，确保教学设计的系统性和科学性。

（五）情境性

课堂教学环境对于教学活动的顺利展开有着很大的影响。大学生的注意力集中水平有限，大学英语教师更应该注意课堂教学环境的建设。一般来说，课堂教学环境分为人文环境、语言环境和自然环境。

（1）人文环境。人文环境主要通过师生之间的情感交流与互动氛围体现出来，它是一种隐形的环境。大学生缺乏人际交往经验，所以大学英语教师应该在营造人文环境方面起主导作用。教师要通过倡导师生之间的平等交流以及歌曲、游戏、表演等方式，来营造一种自由、开放的人文环境，打开学生的心灵，促进学生的英语学习。

（2）语言环境。根据认知发展心理学，大学生需要借助具体事物来辅助思维，不容易在纯粹语言叙述的情况下进行推理，他们只能对当时情境中的具体事物的性质与各个事物之间的关系进行思考，思维的对象仅限于现实所提供的范围，他们可以在具体事物的帮助下顺利解决某些问题。语言与认知的发展是相互促进的。个体语言能力是在个体与环境相互作用的过程中逐渐发展起来的。语言环境对于外语学习非常重要，而中国学生没有现成的语言环境，因此大学阶段的英语教学应该创设具体、直观的语言情境。为此，教师要充分利用与开发电视、录像、录音、幻灯等教学手段，设计真实的语言交流，使学生在运用语言的过程中学习与掌握语言。

（3）自然环境。课堂教学的自然环境主要指课堂中教学物品、工具的呈现方式。其一，要求让教师与学生之间进行更加亲近的交流，教师应该设置开放的桌椅摆放方式，应该摒弃那种教师高高在上、学生默默倾听的桌椅摆放方式。其二，要求教室的布置应该取材于真实的生活场景，这不仅拉近了学生与课堂教学的距离，也使得学生更容易理解英语，更有助于创造英语语言交流的环境。

（六）开放性

大学英语教学的一个重要特征在于开放性，具体体现在两个层面。

1. 教学资源的开放性

大学英语教学资源不仅来自教材，还源于大学生的课外生活。当然，教学资源都是经过筛选的，选择的依据是师生之间的知识交流、情感传递。换句话说，教学主体在日常生活中进行生活体验，并不断总结经验教训，然后积极构建出相关的知识，真正实现课堂教学的知识在生活中的运用。

2. 教学主体的开放性

在大学英语教学中，教师与学生不断地重复信息传递与信息接收的过程，进行着持续的互动交流。教师与学生有着巨大的差异性，主要体现在生活阅历、知识水平、情感态度等层面。教师会无意识地将自己的知识水平、生活阅历、情感态度等带入实际教学活动中，同时学生根据自身发展特点有选择性地吸收。因此，伴随着课堂教学活动的是教师与学生之间的信息流动。

第三节 大学英语教学的现状和影响因素

一、大学英语教学的现状

（一）课程设置不够合理

当前大学英语教学中不同程度地存在着重读写、轻听说的现象，大学英语课程设置也有重理论、轻实践，重阅读和听力教学，轻口语和写译教学的倾向，没有安排专门的口语课或写作课。因此学生在精读、听力课中主要是被动地输入，却没有口语、写作课帮助输出，无法进行学习效果的反馈，这样的做法根本无法实现"学以致用"这一基本的英语教学宗旨。学生在精读课中所学的内容完全无法在写作中得以运用。也就是说，大学英语中精读、听力课程之间各自为政的局面使得"听、说、读、写"这四种技能之间的密切联系完全断裂，学生的知识在积累，而能力却得不到提高，无法学以致用。

多数高校每周开设4学时英语课，在这短短的4学时课堂教学中，教师要兼顾听、说、读、写、译五个方面，学生实际应用英语的机会很少，听说能力很难得到有效提高，特别是口语教学，无论是教材内容的选择，还是教学方法的确定等方面，都没有具体落实到课堂教学中。这种状况导致了学生进行英语口头交际的能力无法提高。

（二）师资力量薄弱

教师是我国教育系统中至关重要的一个环节，对教学发挥的作用不可替代，学生的学习离不开教师的组织和引导，因此教师的素质高低是大学英语教学成败的关键。我国现在的英语教师，大部分都是中国人担任的，他们可能并没有亲身体验过国外的生活，而且很多都是毕业后直接进入教学岗位，尽管他们可能拥有硕士、博士等高学历，但并不是所有教师都能掌握并在实践中运用先进的、现代的英语教学方式和观念。一些教师在日常的教学中，已经习惯性固定地站在讲台前，单方向地向学生进行讲授，除了间断性地提几个问题，教师几乎一直在不停地讲课，却没有真正反思过学生学到了多少知识。通常情况下，学生应该利用课后的时间来加强自己的学习，并获得教师相应的辅导和建议。一个合格的教师应该让学生掌握学习的方法和应用的技巧，并将其最终应用于实践中，而不是简单地向他们传授知识。

随着近年来高校的不断扩招，使得英语教师的供应量满足不了社会上的需求。由于英语教师的大量短缺，导致现有的大学英语教师工作量总是超负荷的，从而大大缩短教师在自我提升上的时间，进修和培训的时间也在逐渐减少。只要不学习就会退步，在如今知识不断变化发展的背景下，不及时进行新知识的学习替换，就会跟不上时代的变化，也将难以适应未来的教学工作。当前高校的职称晋升是根据教师论文发表的等级数量决定的，因此教师都将重心放在写论文上，而忽视了课堂教学，那教学效果可想而知。

（三）教学模式单一

随着我国高校的不断扩招，在校生的数量也在逐渐增加，这也限制了有效的课堂教学活动，在教学过程中，教师依旧以讲授课文、词汇和语法为主，没有重点地培养学生的英语综合应用能力，听和说的能力也没有应用到课堂教学活动中。虽然在课程设置上设有英语视听说课程，但大都变成了听力课程。课堂上教师就是放听力对答案，模式单一，课程枯燥，很难吸引学生的注意力，更无从提高学生的口语水平。

大学英语教学模式的构建仍然是以教师为中心，围绕教材进行讲授，学生多是被动接受，因而学生实践动手能力较弱，缺乏思考且不具备创造性能力。从本质上讲，当代大学英语教学课程还是一种封闭性课程，这也导致教师在如教学内容、教学安排、教学评估和教学要求方面只能采取一刀切的方法，一刀切的教学方法使得学生的个性化难以得到发展，也遏制了学生学习的动机和兴趣。扼杀了学生学习英语的主动性和创造性，他们的独立学习能力和学习策略没有得到充分的发展和挖掘，以至于一些基础好的学生不能出类拔萃，他们的应用能力也得不到进一步发展。

（四）教材选择不合理

教材是我们学习英语的基础和依赖，选择一套合适的教材，能提高教师在教学过程中的效率，还能使学生的学习信心得到加强，能让学生更好地学习英语。

目前，我国都是以教材为中心，进行课堂授课和作业的布置，虽然我国的英语教材和资料种类繁多，但没有一个权威的评估系统来帮助教师和学生选择正确的课程。如今的学生在学习英语过程中更喜欢具有趣味性、愉悦的学习，希望在学习过程能发挥出自己的主观能动性，让英语学习由任务变为习惯。与之相比，只有极少一部分学生还是想通过教材进行英语的学习。根据以上探讨得知，高校英语教材的选择和学生的期望存在较大的差异，学生更希望在学习英语过程中，由一种更为愉快和生动的方式学习。

大学英语教材都是依据国家制订的教学大纲进行编写的，编写的人员一般都是权威的专家和教授。由于各个高校的实际情况存在差异，所以他们在编写时很难兼顾各个学校的实际情况，尤其是一些英语教学比较落后的地区。除此之外，我国的所有高校都是以教学为核心进行英语教学，与教材相关的一些活动都要服务于教材。教材就是学习中的指明灯，没有教材的指导，教师将无法安排教学，学生也会失去学习的方向。实际上，这种教学对学生学习的视野和方向都会造成限制，教师在传授知识时，内容几乎没有变化，长此以往，不仅教师会失去教学的动力，学生也会失去学习的动力。

（五）有严重的应试教育倾向

为了检验学生对英语学习的掌握程度，我国每年都举行种类繁多的英语考试，既包括小学到大学的各种期中考试、期末考试、升学考试，又包括各种托福、GRE等出国必备的考试，还包括各种英语证书考试，其中最著名的是全国大学英语四、六级考试。

全国大学英语四、六级考试，充分体现了我国应试教育倾向严重这一问题。虽然大学英语四、六级考试的设置为提高大学生的英语水平和英语能力做出了很大贡献，推动了我国的英语学习，为使我国英语教学走上正轨做出了不可忽视的贡献。但是，四、六级考试主要是考查学生对大纲规定的英语单词、语法等的掌握程度，标准化的测试方法主要是让学生做选择题，而且将四、六级考试通过率的高低作为评价学校及教师好坏的一个重要标准，在某种程度上助长了应试教育的风气，使其失去了原本意在改进大学英语教学的作用。

应试教育倾向严重，使教师将重点放到了应付考试上，忙于完成教学进度，由于课堂时间紧，很少抽出时间进行语言实践。大多数学生学习英语也只是为了应付考试，考试过后就把学过的英语知识抛到脑后。许多学生考试成绩不错，但是听、说、写的能力却很差，英语应用能力提高的目标得不到落实。英语的学习，需要大量的听、说、读、写练习，尤其是需要通过大量的背诵取得"语感"。而我国当前的英语考试以选择题为主，教师上课时在讲解语法和词汇上花费了大量时间，学生则在做大量的模拟试题上花了大量的时间和精力，最终导致了学生应试技能强、交际素质低的结果。

（六）文化知识匮乏

第一，不重视文化教学在大学英语中的地位。出现这种现象的原因是部分教师本身就缺乏应该具有的文化素养和跨文化交际方面的知识；还有就是受大班教学因素的影响，难以在课堂中开展跨文化交际活动。在教学内容上，注重语言知识输入，这就会导致忽视文化因素和非语言交际能力的培养，因而也就会对文化知识的系统教学和学生跨文化交流技能的学习与发展的关注较少。

第二，由于课程进度、课时和书本等方面的知识传授有限，教师只能按部就班地进行以语言知识为主的教学，从而也就减少了学生学习其他方面的时间，如扩大学生的知识面，引导他们阅读中西方文化及跨文化知识。

第三，与大学英语教学评估方法有关联。大部分高校的英语教学质量的评估、教师教学水平的高低、学生获得奖学金及学位证书与毕业证书都是以英语四六级的通过率为标准。这导致学生和教师都会以通过英语等级考试为重心，导致大学英语教学框架结构与跨文化交际能力培养出现不一致的情况，培养出来的学生也会出现高分数低能力的现象，跨文化交际能力也会存在欠缺。

二、影响大学英语教学的因素

在我国的大学英语教学中，教师、教学内容、学生是教学的基本要素，教学方法将三者联系起来，教学媒体是教学辅助手段，教学环境则为这几个要素提供空间条件。总的来说，英语课堂教学的构成要素包括教师、学生、教学内容、教学方法、教学环境、教学媒体，如何发挥这六个要素的作用对英语教学质量至关重要。

（一）教师

教师作为英语教学的重要参与主体，在教学中的作用不可忽视。教师专业素质的高低直接影响着学生学习效率的好坏。

英语教师应牢固掌握理论知识，还要有广阔的知识面，有良好的英语综合运用能力、较强的英语口语和写作能力。教师不仅是知识的传播者，是学生知识的主要来源，还是教学活动的主要组织者和管理者。教师要对学生的学习活动进行有效的组织、计划和协调，策划好教学活动，在教学内容上要选择极具内涵且丰富的内容；在教学过程中要根据实际情况不断调整教学方法和手段，激发学生的学习积极性，使学生养成良好的学习习惯和学习能力，营造出良好的氛围和学习环境；及时了解学生的需求，根据实际情况反思教学。要教给学生语言学习的规律和方法，善于启发学生，培养学生的自学能力和主动获取知识的能力，监控学生学习过程，督促学生自主学习。

教师还要具备全面的文化素质。教师的文化素质对英语教学意义重大，只有教师具有较高且全面的文化素质，才能在教学中将文化知识渗透到教学活动中，使学生在语言学习的同时了解各个国家的不同文化，建立起跨文化交流的意识。

教师的心理素质也是影响英语教学的重要因素之一。作为一名合格的英语教师，性格既要外向，活泼热情，风趣幽默，同时又要沉着冷静。外向的性格特点有助于教师调节学习气氛，激发学生的学习兴趣；而在教学活动中教师应该沉着谨慎，以严谨的态度对待教学。

（二）学生

学生是英语教学的另一个重要主体。作为英语教学活动的主要参与者，学生的学习观念、学习策略、学习风格、学习动机等都会对英语教学的效果产生重要的影响。

1. 语言学习观念

语言学习观念就是学生对语言学习的看法，这是学生知识储备体系的一部分。学生的学习观念来源会存在不同，比如有些学生的学习观念受身边人——老师、同学、家人的影响，有些学生的学习观念则是来源于他们之前的学习经历。学习观念不仅影响英语学习的效率，同时也在学生的自主学习行为和学习效果上起着决定作用。积极的学习观念会使学生在学习英语时充满自信,相信自己能学好英语,能找到适合自己学习的有效学习方法,从而使英语综合应用能力达到预期效果。在语言学习和交际环境中,正确的语言学习观念还能够促进学习策略的使用,使学生找到自己的强项和弱项,并懂得在需要的时候寻求帮助,从而可以更好地制订学习计划和学习目标。相反,消极的学习观念会使学生在英语学习时失去信心,在学习中会变为被动的学习。随着越来越多的以学生为中心的教学模式的出现,教师不仅要传授知识,还要注重对学生内在的学习心理的关注,最终目的就是使学生能高效、高质量地学习。另外,学生要有自主学习的观念。因为在学习过程中,教师的行为只是外在因素,决定学习效果的是学生自身的学习观念。学生需要更好地了解英语学习,以便管理和评估自己的学习,从而制定科学合理的学习计划,并逐步找到适合自己的有效学习方法。

2. 学习策略

一些研究者认为学习策略是学生为了提高学习效果和便于回忆语言的形式与内容,而采取的技巧、方法或刻意的行为;还有一些研究者认为学习策略是学生为促进学习而进行的所有活动的泛指;还有一些研究者认为,学习策略是有助于发展学生自我构建的语言系统的策略,而且这些策略对语言的发展有直接的影响。虽然在学习策略的定义上,研究者们各说纷纭,但他们的共同点就是都认为学习策略影响着语言学习。

学习策略与英语综合运用之间是相互关联的。成功的学习者不仅能找到适合自己的有效学习策略,掌握有效的学习方法,还能根据自己的实际情况,选择并调整学习策略,以便能更好地适应学习任务;不成功的学习者则会盲目从众地选择学习策略,尽管这种学习策略不适合自己。正确的选择和使用学习策略能体现出英语学习效率的高低。学习策略的正确使用能加强学生学习的自主性、独立性和自我调控性。要加强学生对学习策略的功能性和重要性的认识,只有这样学生才能在学习过程中主动使用学习策略。可以利用多种渠道进行了解,如教师的讲课、集体讨论、学习讲座等。教师在教学过程中,要明确教授的内容和选择哪种教学方式进行教学,还要及时了解学生使用学习策略的情况,这样才能使学生更有效地学习。教师可以将课堂内容进行结合,向学生展示如何在不同情况下使用不同的学习策略,并将策略的指导融入课程内容中,以避免学生对在何种情况下应该使用何种策略产生误解。教师还应提供足够的机会让学生练习如何运用策略，课后注意观察教学效果，加强沟通，提高教学效果。

3. 学习风格

学习风格是学生在情境中对刺激做出的反应和使用刺激的常用方式。国外研究者认为学习风格就是学生的特有认知、情感和生理行为，是学生感受到与学习环境有相互作用后，随之做出反应的稳定指标，或者是学生在获取和理解新信息的无意识和不可观察的内在特征，包括在学习过程中经常采用的学习方式以及对教学刺激的偏爱和学习倾向。学习风格以个人生理为基础，受特定的家庭、教育和社会文化影响，通过长期的学习活动形成，相对稳定，直接参与整个学习过程，从而直接影响学习效果。

在如今的大学英语教学大环境中，个性化学习已经成为一种潮流。每位学生都是不同的，学生可以根据自己的实际情况自行安排学习时间和过程，这样才能更好地将学生的潜能发挥出来，激发学生学习的积极性，从而在英语学习效率上能得到极大地提升。导致学生每个个体之间存在差异的原因是学习风格，学习风格不仅在整个学习过程中都有参与，同时也对学习效果有重要的影响。因此，英语教师在教学过程中，要针对每个不同个体的学生开展因材施教原则，即个性化学习，同时，教师还要根据学生的学习风格及时调整并优化教学方法与模式，提高教学效率，真正实现个性化教学；让学生养成良好的学习风格，帮助学生能更好地适应学习风格，这种学习风格还要对学习效果有益，实现这一目的的前提就是有目的地引导、帮助学生培养个性化和独立性。在不适合学生的教学方式上，要设计一些有针对性的教学活动进行弥补与补充。

4. 学习动机

学习动机对学习效率有着重要的影响。学习动机可以分为外在动机和内在动机。内在动机就是学生学习语言的兴趣，外在动机就是受外部环境的影响，外部动机可以转换为内在动机。举个例子，如果学习者最初是通过外在动机来学习英语，并且在学习过程中对学习英语非常感兴趣，以至于在主观上感到有继续学习的动力，那么这时的外在动机就会变为学习英语的内在动机。外在动机不会持久，它会在外界影响力消失的时候随之消失，只有内在动机才会长久地持续下去。有国外学者研究表明，学习外语倾向是指学习外语的长期目标，学习外语的目标与学习态度会影响学生个体学习的动机,同时学习动机还会受学习环境的影响。我国语言学家刘润清也指出:"学习者的动机类型往往与他们所处的社会环境有关系。"①学生的英语学习动机长期受社会环境的影响,主要体现在应试教育。学生是以外在动机来学习英语,目的就是为应对各种考试,这种外在动机的学习并不能提高学习效率,而且也不是持久的。证明这一点的是用人单位对学生英语能力的怀疑,这种怀疑来源于学生已经通过英语四六级等级考试,但其英语综合应用能力与获得的等级考试所具备的能力不符。因此,大学英语教学应注重提高学生的内在学习动机,引导他们将学习目标集中在提高综合英语能力上,并朝着让他们能够与外国人进行舒适的交流这一目的进行教学。在教学过程中,不仅要发挥教师的主导的作用,还要将学生的主体作用发挥出来,从而激发出学生学习英语的兴趣,并使其长久地保持下去。同时还要注意,要让学生掌握学习的主动权,让学生能参与整个英语教学过程中,并能愉快地获得语言能力,从而在提高学习效率上能变得主动并长久地持续下去。

(三)教学内容

教学内容是指在教学活动中为实现教学目标,师生共同作用的知识、技能、技巧、思想、观点、概念、原理、事实、问题、行为习惯的总和。教学内容是学生认识和掌握的主要对象,是教师和学生进行教学活动的重要依据。没有教学内容,教学活动就无法进行。根据教育目标,选择并确定教学内容,制订课程计划、课程标准,编制教科书,在教学过程中发挥师生的主动性,活化教学内容并使学生有效掌握,是保证高质量人才培养的重要前提。英语教学不仅要让学生掌握语言知识和语言技能,还要让学生掌握学习策略,养成积极向上的情感态度,具备一定的文化素养。

语言知识是综合英语运用能力的组成部分,也是语言学习和语言运用的重要内容之一。没有扎实的语言知识作为基础,就不可能掌握较强的语言能力。英语教育阶段的学生应该学习和掌握的英语基础知识包括语音、词汇、语法、功能和话题等内容。语音、词汇和语法(语言形式)体现在一定的话题中。学生在运用语言时,除了要具有话题知识,还应掌握语言形式在一定话题中所具有的功能。

---

① 刘润清.刘润清论大学英语教学[M].北京:外语教学与研究出版社,1999.

只有当他们既掌握语音、词汇和语法，又具备语言功能和话题方面的知识时，才能正确、得体地运用语言进行交流、沟通。

学生在学习和运用语言时必须熟练掌握听、说、读、写、译五项基本语言技能。大学英语教学内容必须包括听、说、读、写、译五项基本技能及综合运用能力，为学生提供体验语言和感知语言的机会，促进学生更加熟练地掌握语言知识。通过大量听、说、读、写、译的专项和综合性语言实践活动，学生可以培养语言的综合运用能力，为真实的语言交际奠定基础。

在英语教学中教师要有意识地帮助学生形成适合自己的学习策略，对自己的学习过程、学习效果进行监控和反思，培养学生根据学习风格不断调整学习策略的能力，并引导学生学会观察他人的学习策略，同时通过与他人交流学习体会，尝试不同的学习策略。

学生在学习过程中往往受到价值观、意志、理智、动机及教师的人格、态度、情感投入、教学风格等各种情感因素的影响。因此，教师在英语教学中有责任和义务关注学生的情感，帮助学生培养和发展积极向上的情感态度，不断激发学生的学习兴趣，引导学生将兴趣转化为稳定的学习动机，树立自信心，正确认识学习中的优势与不足，培养乐于与他人合作的品质，养成和谐与健康向上的品格。

英语学习离不开对英语所代表和负载的文化的了解。在英语教学过程中，教师应介绍文化背景，根据学生的年龄特点及认知能力向学生传授文化知识，并逐步扩展文化知识的内容和范围；教师还应促进学生在学习其他民族的优秀文化时更好地继承、发扬中华民族的优良传统，培养学生形成"传承文明，开拓创新"的意识和能力。

（四）教学方法

语言教学教无定法，贵在有法。在英语教学历史上，有多种教学方法都曾经发挥过重要作用，有效地促进了英语教学的发展。这些教学方法包括翻译法、直接法、自觉对比法、听说法、视听法、认知法、功能法，以及由此派生出来的口语法、全身反应法、自然法、暗示法、沉默法、交际法等。但是，历史证明没有哪一种教学方法是最好的、最有效的，也没有哪一种方法适用于所有时期、所有地区、所有教学内容。如果教师在英语教学中采用一成不变的教学方法，必然会使学生感到厌烦。而且，不同的教学方法对不同的语言知识、语言技能各有侧重，只有综合、灵活地运用各种教学方法才能有效促进学生英语能力的提高，才有利于学生英语水平的全面发展。

在英语教学中，无论是用什么样的教学方法，教师都必须以学生的语言交际为教学的出发点，将教学与日常实际生活结合起来，鼓励学生有创造性地、有目的地运用已学语言。同时，教师应力求使教学过程交际化，教材内容选自真实生活的自然交际，使用适合学生年龄的材料，对处于不同阶段的学生采取不同的教学方法。

（五）教学环境

教学环境有广义和狭义之分，教学环境是一个由多种要素构成的复杂系统。广义的教学环境是影响教学环境的全部因素，可以是物理环境与心理环境。狭义的教学环境是在班级中影响教学的全部因素，包括师生关系、班级大小、班级气氛、座位模式等。总的来说，我们可将其分为社会环境和学校环境。

1. 社会环境

社会环境主要是指经济发展、科技水平、人文精神、社会群体等对英语学习的态度以及社会对英语的需求程度等。社会因素是影响和制约英语教学的重要因素。英语教学中大纲的制定、课程标准的设置都需要以符合社会对于英语人才的需求等为依据。社会环境因素对教学具有导向作用，是英语教学前进的方向。

2. 学校环境

学校是为学生提供学习环境和学习手段的最佳场所。学校环境对英语教学的影响是最重要的也是最直接的，它决定着多数学生英语学习的成败。学校环境主要涉及课堂教学、班级大小、教学设施、教学资料、英语课外活动、校风班风和师生关系等。学校教学质量的好坏、管理水平的高低以及硬件设施的完善与否对英语教学的成败起着关键作用。良好的教学设施，如图书馆有助于增强学生的自主学习意识；一些语音教室和多媒体设备可以为学生学习英语提供必要的技术支持，学生可以通过语音教室等提高自己的口语、听力水平，有助于激发学生的学习兴趣；定期邀请中外英语专家作专题报告，向学生推荐并提供原版英文书籍、报纸、杂志、英语名著等读本，可以增进学生对英语文化的了解，扩大他们的知识面和阅读范围；组建英语学习协会，开展英语课外活动，举办"英语角"等，让学生在校园环境中随时随地都能感受到英语，从而形成课外英语环境。

(六)教学媒体

随着我国经济与世界经济的融合越来越深入紧密,社会对人才的知识、能力、素质的要求不断快速更新,尤其是对人才的英语能力要求不断提高。随着科技的发展,尤其是信息技术和数字化声像技术的发展,多媒体应运而生。网络教学、多媒体教学等成为新的英语教学形式。远程网上教育、虚拟大学、虚拟图书馆如雨后春笋般涌现,层出不穷,互联网的英语教学组织逐渐增多,国际交流日趋频繁,这些都大大提高了英语教学的效率及教学质量,成为英语教学中的重要教学媒体。

网络英语教学实现了适应学生个性的教学:通过网络发布课程内容,学生可以通过网络学习英语、完成作业、参加考试;学生可以在网上参加英语教学有关内容的讨论、向教师咨询等。多媒体教学可以优化英语教学结构,为学生提供更优的学习实践环境,从而全面提高课堂教学效率。多媒体课件克服了传统教材的静态性特点,具有动态性,能集成文字、图像、影像、声音及动画,具有良好的交互性。学生不仅可以听到地道的语音、语调,还可以直接看到对话的情景以及说话人的表情、动作、神态等,从而有利于学生理解、吸收与模仿所接触的语言,对培养学生的学习兴趣和提高英语素质都具有积极的作用。总之,多媒体技术为英语教学提供了与讲授内容相关的丰富生动的语言学习和实践环境,不但使学生在多媒体所创造的交际环境中相互感染、相互学习,逐步提高自己的语言能力,还可以提高学生对英语学习的兴趣。

第三章 信息技术与英语教学的融合

信息技术和英语教学融合在一起可以为英语教学带来极大推动作用，但是我们也要多方面看待问题。本章针对信息技术与英语教学的融合，提出了融合的机遇和挑战，也阐释了融合的内涵和本质。

第一节 信息技术与英语教学融合的机遇和挑战

一、融合的机遇

伴随着科技的快速进步和素质教育的发展，现代信息技术在学校教学中也变得愈加重要。同时信息技术在教师教学工作中也带来了挑战。教师要改变传统的观念，转变角色，学会在课堂上合理、恰当地使用多媒体和信息技术，以此来优化教学方式，还要通过模拟学习情境来提高学生学习英语的积极性，利用网络技术拓宽学生的知识面，增加英语学习的阅读量，培养学生的独立研究能力和文化素养，提高教学的有效性和及时性，实现资源共享。

在我国不断发展进步和全球经济一体化的背景下，知识文化的传播方式改变了，信息文明在人们日常生活和工作中占据重要的部分，它不仅改变了人们的思想观念，同时也改变了人们的行为习惯。数字信息不仅为人们带来了便利，同时也对传统的教育观、人才观和教育模式带来了新的挑战，这也导致教学的思想、内容和方法发生了根本性改变。

在信息技术时代下，教师需要转变教学观念，优化教学方法，积极学习信息技术，以改变教师的传统角色，从而能适应信息社会对教师的新要求。信息技术是一把双刃剑，在对英语教学提出挑战的同时，还带来更多的发展机遇，它为教师开辟了一条新的英语教学道路，还拓宽了学生在学习英语上的积极性、提高英语应用能力的道路。下面讲述信息技术带来的机遇和挑战。

信息技术在远程教育、电子课件、多媒体教学和计算机辅助教学等英语教学的各个方面都有体现，它不仅为教学带来了便利，同时在教师的学习和创新能力上也提出了更高的要求，要求英语教师能紧跟时代发展变化，更新自己的知识结构，教师要积极学习各种新知识和技术，扩大自己的知识容量，要会操作各种多媒体设备，这也符合现代社会对人才的要求，即活到老，学到老。

随着信息技术与多媒体的普及发展，学生的学习途径也变得更为多样，原先学生只能在学校的课堂上进行学习，如今在信息技术和多媒体普及的背景下，学生可以通过网络课堂、电子书籍、英文视频的学习，来提高自己的词汇量的掌握水平和英语听说读写的能力。在这个过程中，如果学生不恰当地运用，那就会出现负面作用，进而会阻碍英语的学习。因此，怎样才能让学生正确科学地使用信息技术和多媒体进行学习，这是教师需要研究思考的新问题。

英语教师要积极应对信息化社会发展带来的教学方式的改变，教师要及时更新观念，实现教师角色的转变，从而符合新形势下的英语教学要求。更新观念就是教师在教育观、人才观和方法论上要符合新形势的要求，树立新型的观念，还要及时更新知识结构，让信息技术能更好地服务英语教学。转变角色就是在教学活动中，教师要由传统的知识传授者转变为学生学习的引导者和促进者、课堂教学的组织者和示范者。伴随着信息技术的不断发展，教师也将解锁更加多样的角色。

信息技术将计算机与艺术进行融合，这使得信息在获取和传播方面能有较强的艺术感染。课堂上所讲授的内容可以借助信息技术，将图像、动画、视频和声音表现出来，让课堂教学充满感染力。何克抗教授在《创造性思维理论——DC模型的建构与论证》一文中指出：基于言语概念的逻辑思维离不开表象。[1] 任何语言的抽象概念和形式结构如果不能通过表象来表现，就不能表达出应有的意思。对于一门从未接触过的语言，学生缺乏对这门外语的了解和体验，因此很难挖掘出对这门语言的热爱和求知欲。所以，这就要借助于多媒体为学生营造出形象生动的环境，使学生能在身临其境中使用语言，从而达到学习语言的目的。

---

① 何克抗.创造性思维理论——DC模型的建构与论证[M].北京：北京师范大学出版社，2000.

人们只有对自己感兴趣的事情，才可以做到将全部热情与注意力投入其中，还会积极主动地学习，在学习过程中，也不会感到枯燥。但人们没有兴趣学习英语，是因为自从开始学习英语时，就一直在用同一种传统的教学模式，这就使得学生失去了学习的积极性，还有一点就是英语学习较为枯燥，且具有抽象性，这就导致在学习英语时会感到困难，从而失去了学习英语的信心。然而，如今在多媒体技术的帮助下，改变了以前的学习模式，教师可以利用多媒体模拟学习情境，即日常生活与学习的现实情境，让学生在学习中有身临其境的感受，这样曾经抽象化的英语语法变得更加具体，让曾经枯燥的知识点变得生动形象，多媒体技术能让平面的知识变为富有生动形象的语言知识，还能变为动态的视频，将听说读写结合起来。

目前的英语教学中，普遍存在的问题是学生英语阅读量少，造成这种现象的原因是学生没有充足的资料，且现有的这些资料更新较慢。在信息技术的支持下，在互联网上出现了大批关于英语学习的网站，其中还有名校的英语学习资料，这都支持学生学习与下载，这样不仅拓宽了学生学习英语知识的途径，同时也有利于学生提高自己的英语阅读水平。

英语作为国际通用语言，起着连接全球跨文化交流的作用。因此，学习英语也是一种跨文化的学习和交际活动。现代信息技术可以帮助提高跨文化交流的能力。学生通过互联网收听时事新闻，如 VOA 和 BBC 新闻，不仅能使听力得到锻炼，还能了解国际时事和社会发展趋势的最新情况；学生也能借助互联网观看经典的国外原声影片和纪录片，帮助学生更好地了解各地风土人情和当地文化；还可以了解最新音乐信息，学习英语歌曲也可以帮助学生提高英语学习能力；还能在网络上阅读英文经典著作和诗歌。这些方法不仅能提高学生的英文水平，还能提高学生的文化素养和素质水平。

传统的教学模式都是以实物的形式出现，如教材、习题册、磁带等，教材在编写过程中，可能会出现教学内容跟不上时代变化，导致教学内容出现过时问题，从而会出现学生学习到的知识用不了的问题。然而信息化教学就能将这一问题解决，信息化教学能为教学提供及时且生动的课外资料与课堂上内容的补充。此外，传统的课程和考试等环节是基于纸质的教科书和模拟测试。与使用数字化信息技术相比，在进行信息查找、整理和选择时需要更多的时间，效率将不可避免地比数字化教学低很多。利用计算机和投影仪等设备，学生可以图像、视频和声音等形式进行学习，将原本抽象、晦涩的理论内容以生动、形象的方式呈现出来。

21世纪所处的社会每天都有大量的信息需要以不同的途径与方式进行传递，是一个信息暴增的时代。然而，由于某些限制，我们不可能获得所有想要的信息，因此就需要进行信息共享。而信息技术就带来了巨大的便利。比如，我们想要获取一些内容，就可以通过信息搜索来实现；同时也能将自己的资源通过网络实现共享；还可以依托存储和输出设备实现信息的传递。这种利用信息技术来进行信息的传递和共享，不仅方便携带、经济环保，同时也利于信息及时更新。

伴随着社会的不断发展和科技的进步，在日常生活和工作中，运用的数字化技术和设备也越来越多。教师可以充分了解在英语教学中使用信息技术对提高英语教学质量和效果的影响。英语教师需要认识到，信息技术可以促进教学的发展，而教学也可以促进信息技术的发展，它们两者的关系是相辅相成、相互影响的。在信息化发展的背景下，教师不仅要及时更新观念，还要转变自身的角色，将自身的主观能动性充分调动起来，将自己与学生的潜能充分挖掘出来，紧跟时代发展潮流，敢于面对新的挑战，相信通过信息技术进行英语教学的效果会越来越好，也将走得越来越远。

二、融合的挑战

进入21世纪以来，随着信息技术的快速发展进步，其广泛的应用引起了教育教学的深刻改革。20世纪90年代，欧洲、美国和其他国家开始了对信息技术与课程整合的研究，2008年出现了第一批具有真正意义的慕课，从2012年起，网络上出现了许多慕课。在全球信息化发展的背景下，职业教育也需要进行教育改革。职业教育信息化建设引起了我国高度重视，其中发布的一系列文件都表明要加快职业教育信息化建设，推动职业教育的现代化发展，如《国家中长期教育改革和发展规划纲要（2010—2020）》《教育部关于加快职业教育信息化发展的意见（2011—2015）》《教育信息化十年发展规划（2011—2020）》《现代职业教育体系建设规划（2014—2020）》。高职教育作为职业教育的最高层次，信息技术在高等教育中的重要性和作用是显而易见的。信息技术与职业教育的融合，体现在改变传统的课堂教学结构与模式上，从根本上改革学校教育体系，而不是单纯地引入与应用技术。对此，学者有不同的观点。

（1）教育和信息技术的紧密结合将创造新的教学方法，并需要创建一个混合式学习的教学模式，也就是将课堂教学和通过互联网进行的自主学习结合起来。

（2）消除既定的体制限制，推进以信息技术服务为核心的教学管理模式的组织结构的优化和转型。

（3）依据创新来构建新型学习平台与个人空间，从而进行教育教学方法的改革，在学习者主观能动性的帮助下，加快推进信息技术在教学中的应用。

（4）教学手段的创新带来了在课程的组织、内容和表现形式、教与学的关系，甚至是教书育人等方面的一系列创新，以创造一种新的教育模式，即自主学习。

（5）注重深度融合不能忽视教师的作用，提升教师能力进而加快信息技术与教育的深度融合，还要提高在技术帮助下的教与学方式创新、信息技术与教学融合的水平。

高校的部分课程正在进行课程改革，将信息化融入教学中，如翻转课堂与思政慕课，目前已经有学生反映这些课程的学习效果良好，尽管如此，高校还未开展教育信息化。以乘务学院为例，这类院校的毕业生在毕业后几乎都进入各大航空公司，但用人单位反映一些院校的毕业生英语水平较低。为了解决这一问题，一些学院开始加大对英语课程的重视，如大量聘请师资，并采取小班教学，一个学期中英语课程甚至可达160课时。虽然在提升英语水平这一方面学院做出了大量的努力，但学生最终的英语水平不但没有得到明显的提升，反而还在出现逐年下降的情况，同时，英语相关证书的取证率也在不断下降。英语课程数量多，使得学生失去了学习英语的积极性，教师只能推着学生学习，这种被动的学习，可见效果不佳。学院为了能让学生更加专注于课堂学习，排除一切能影响学生学习的因素，如上交手机这样能减少信息化的干扰；增加课堂提问次数与加大作业的检查力度，这样做是防止学生在课堂上出现犯困的现象；为了避免学生在课堂中闲聊，便减少了课堂讨论这一环节。学院实施的这些方法治标不治本，无法从根本上转变学生对英语课的态度，学生上课状态不佳，必然会导致课堂效果不理想。

在信息化背景下，学生会通过网络进行国外英文资讯的阅读、观看英文电影、听英文音乐等，所以学生是无法完全排斥英语的，但会有部分人讨厌在课堂上学习英语。对于英语基础掌握较差的学生，他们普遍认为课本是复杂、枯燥的，因而就有了不想学习的想法；而英语基础掌握较好的学生，由于他们通过自主学习就能完成任务，因此课堂上的教学就会无法满足他们的学习需求。在出现这两种情况下，英语课堂教学氛围变得较差，学习成绩差的同学在看到学习成绩好的同学都没有认真听课，就会变得更加放肆，更不想学习。

要适当地在英语课堂中引入信息技术，用信息技术构建多模态的网络生态环境，这种教学模式将改变传统的以教师为主导的课堂教学，而是构造以学生为学习的主体的教学课堂，在课堂中引入更多的教学资源，并以多模态形式展示教学内容，从而激发学生的学习兴趣，将学生的主动性调动出来；将教学重点与难点进行着重讲解，达到让学生能消化、吸收的目的，从而增强英语课程教学效果并提高教学质量。

教师要积极转变观念，少抱怨学生缺乏基础知识；在教学活动上要积极进行创新，不断改进教学方法，及时进行教学理念的更新。这一切的最终目标都是不仅要让学生牢固地掌握知识，还要让学生能在实践过程中进行灵活地运用，所以，教学的主体是学生，而不是展示教师个人才能。要让学生积极参与到课堂教学中，发挥学生在课堂上的主动性和能动作用；要在课堂上充分展现学生是学习的主体，树立主体地位，让学生由被动的学习者变为主动的学习者，从而建立一个高效率的课堂。随着互联网和信息技术的不断进步发展，出现了越来越多的有关学习的软件与平台，如慕课、翻转课堂、微课、网络学习平台等，这将更有利于学生成为学习中的主体，而教师则成为学生学习的幕后支持者和工作者，在信息技术的帮助下，通过各种形式帮助学生完成学习任务，如引领、督促、检查、推动等。强调学生是学习的主体，是信息化教学的直接参与实践者，更是终端受益者。教师可以利用各种方式将内容具体生动地呈现给学生，如一系列动态图像、音乐音频、电影片段和动画演示等，以激发学生学习英语的兴趣，提高他们对教学内容的获取和保留。在传统的英语教学课堂中，教师要想对学生的作业情况和学习情况有所掌握，不得不占用本属于课堂教学的时间进行情况掌握。在进行检查的时候，难免会使得其他学生出现分心与等待的现象。阶段考试消耗的时间更久，因为在阶段考试时，需要大量的教师进行监考，教师协调时间至少会耗费四个课时才能完成。通过对信息技术的合理使用，教师可以利用网络学习平台和测试应用软件来完成课外作业的布置，学生必须在规定时间内完成在线测试和音频作业，这样教师才能更灵活地组织时间来检查和纠正学生的作业。同时信息化软件可以记录学生的学习过程，并根据适当的设置分析结果，确保快速收集数据。教师可以根据学生的测试记录为其制定个性化的学习方案并推送不同等级的资源，以增加学生的语言输入，人为地将英语学习环境最大化。以信息化教学为手段，可以将学生的主体地位充分地体现出来，并能开展个性化的教学与测试。

与传统的教学方式不同，信息化教学的学习方式更加灵活多样。改变了以往的课堂是传授知识的唯一场所，也改变了课本是仅有的学习资源，互联网能提供更加丰富的信息知识来补充课本上的内容；教师不仅是传授知识的人，也是指导学习方法和解决疑惑的人。将课堂教学与现代信息技术进行合理融合，丰富自主学习的知识资源，扩大自主学习的机会，充分引导学生自主学习，改变学生常用的被动式学习方式，为培养学生的终身学习习惯奠定基础。

在传统教育中，教师和学生之间的互动仅限于课堂，教师和学生彼此都不熟悉，学生甚至不认识自己的授课老师。将信息化与教学进行结合，不仅师生互动不再受时间和空间的限制，而且学习过程也将由单向的灌输变为双向互动的多元化模式。教师在课前可以在学习平台上提前发布预习任务，并给出相关的学习资源；在课堂教学中，教师可以利用最新的英语新闻和视频来吸引学生，并鼓励学生对话，同时利用学习平台快速创建讨论组，提出反思性问题，组织学生独立研究和寻求答案，增强学生自主学习的信心；在课后，教师可以在平台上布置课后作业，在群里及时解决学生在作业中或课堂上还未解决完的问题，还能对单个学生进行辅导与纠正，拓展课堂知识可以帮助有能力的学生进行更深层次的学习。

在互联网信息化教学的应用与支持下，教师由以前的主导者、灌输者变为现在的课堂引导者。信息技术的使用使教师能够突破既定教科书内容的界限，为学生提供丰富、生动和最新的教育资源，可以让学生学习来自不同国家和地区的英语母语者的发音，提高学生的听力理解能力，实现真正的英语无障碍交流。强调学生是学习的主体，是学习知识的主人，让学生的学习由被动变为主动，让学生充分参与到课堂中，并发挥学生的主动性和能动性；在课堂中结合案例教学法和情景教学法，以此培养学生的分析能力和解决问题的能力，从而建立一种更加高效的课堂。

在英语教学中融入信息化，这为教师的发展带来了新的要求，教师要具备良好的专业知识素养和课堂组织能力，还要掌握各种现代化信息技术的应用，如各种软件的操作、制作视频动漫、搭建管理学习平台、与学生进行"线上线下"互动和数据统计与分析等。及时关注学科的最新理论与科技发展，紧跟时代潮流，并且乐于与学生分享和讨论，开拓思路。

教育信息化和教学进行融合，不仅能打破传统的教学方式，打开教学新思路，还能使新的教学方式在学习新文化时具有更加多元化互动式的学习，从而将学习效率提升起来。在教学过程中，要注意强调学生是学习的主体，教师要改变以往的"独裁者"和灌输者的角色，变成学生学习的引导者；让学生成为真正意义上的学习主体，将被动学习者变为主动学习者，培养学生自主学习的能力。在如今的信息化时代，教师要与时俱进、紧跟时代潮流、积极转变观念、更新自己的知识结构，改变与学生以往的关系，建立平等的、民主和谐协作的关系，成为学生的点蜡人、引路人。

随着现代信息技术与大学英语教学的深度融合，产生了微课、慕课、翻转课堂以及网上自助学习平台等多种新的混合教学模式。这种多元化的教学模式对大学教师的信息技术素养、教学方法和手段提出了更高的要求。

在信息技术飞速发展的今天，网络资源极大丰富，学生能够通过网络获得海量的专业知识，教师不再是学生获得知识的唯一来源，也不再是专业知识的专享者。教师的信息优势被打破，如不加强自身专业知识的深度学习，不了解学科前沿动态，就很难适应大学英语教学内容的更新和学生对英语专业知识的更高要求。而且由于传统大学英语教师所学专业的局限和学科背景的单一，知识结构大多囿于英语语言文学范围，在"互联网+"时代背景下面对来自不同学科背景的大学英语学习者时，学科知识会显得狭窄，很难满足学生对自己所学专业相关英语知识的需求。

随着21世纪人类已全面向信息社会迈进，培养创新型人才需要信息化教学环境的支持。在传统的大学英语教学中，教师只是课程内容和教材设计的执行者、实施者，而在"互联网+"时代背景下，教师必须要逐步转变为教学内容的开发者、设计者，才能更好地利用网络辅助英语教学。因此需要有熟练的电脑操作技术，熟悉各种教学软件、能制作精美的教学课件；同时还必须具有较强的网络管理能力，能利用微信等积极参与网络资源的建设和网络平台的管理；此外还需要具备制作微课所需的相关技术，如视频音频录制、剪接、配音、合成等。因此，大学英语教师必须跟上时代的步伐，否则就会被信息时代和网络时代淘汰。

在传统的大学英语教学中，教师主要靠口头讲述和板书进行知识的传授，而学生基本处于机械记忆、被动接受状态，教学形式单一枯燥。而在信息技术时代，计算机网络技术成了辅助大学英语教学的必要手段，慕课、微课、微信、自主学习平台等相继投入使用，如果教师继续沿用传统的教学方法，不及时更新、采用先进多样的教学手段，教学效果势必大打折扣，教学质量难以提高。

网络资源的开放性使得信息资源丰富、及时、触手可得，还意味着信息资源的共享，部分学生甚至有可能比教师提前或者更全面地掌握一些信息。尤其是慕课和网络公开课展现了很多名校、名师、名家的教学过程，使得学生对大学英语教师自身的专业知识有了更高的期待和要求，因此大学英语教师必须加强专业知识的学习，不断完善自己的语音、语法和语言组织能力，同时关注本专业领域的学科前沿动态并将其运用到自己的教学过程中，以激发更多学生英语学习的积极性。

此外，大学英语教师还应努力拓宽自己的知识面，涉猎更多不同专业英语专门用途的知识，如医学英语、法律英语等，以适应不同专业背景的大学英语学习者的要求，同时为大学英语高年级阶段开设后续课程做好准备。总之，大学英语教师应树立终身学习的理念，努力提升自身专业水平并不断更新知识结构。

在"互联网+"时代背景下，传统的"填鸭式"教学方法已不能适应大学英语教学，一支粉笔一块黑板的传统手段和配置也已无法满足当代大学生的求知欲。大学英语教师要善于学习，除了熟练运用多媒体设备授课，增强课堂吸引力之外，还应充分利用微信、自主学习平台等多种辅助手段和慕课、微课等丰富网络资源为学生设置具体学习任务并检查学习效果，从而实现"平台、教师、学习者和学习资源的深度互动"。同时还能让学生有效利用课余和碎片时间，将大学英语的学习贯穿于整个学习阶段，使课余课后的自主学习规律化、常态化，以督促和帮助学生养成良好的语言学习习惯。

同时，大学英语教师还应勤于思考，着力改进传统的教学方法。不再沿袭过去教师一人唱独角戏，学生被动接受的教学模式，而是借助多媒体影音设备，为学生创设生动有趣且真实的英语学习情境，让学生主动参与到语言练习活动中来，增强交流性和实用性；教师也可以将学生分为若干学习小组，为其设定具体学习目标，让学生就课前布置的微课、慕课、视频话题和内容进行讨论，最终以汇报、辩论、表演等方式呈现学习成果，促进学生合作学习、增强团队意识，而教师本人也应以合作者和引导者的身份加入活动中去，同时答疑解惑，以"润物无声"的方式将语言教学的要点渗透到课堂活动中；大学英语教师还应特别注重培养学生的问题意识，启发、鼓励学生大胆提问、质疑，从而在英语课堂教学改革过程中真正为学生构建起一个体验、探究、合作、交往、互动的英语学习平台。

随着计算机网络技术的不断发展，现代信息技术与教学的结合无疑已是大势所趋，这一结合给当代大学英语教师提出了更高的要求。一方面，大学英语教师必须具备基本的计算机操作和网络知识，才能具有搜索网络信息和资源的能力，才能与层出不穷的新知识、新信息保持同步，进而不断更新和改进自己原有的专业知识体系；另一方面，在信息时代，当学生面临浩如烟海、良莠不齐的英语学习资源冲击时，只有具备必要的信息技术能力，才能恰当整合网络资源，进而给学生推荐、传授正确、适当的语言知识信息，让学生受益；大学英语教师还应积极参加信息技术培训，不断学习新的信息技术如：计算机操作、PPT制作、音视频录制剪辑合成、网络平台的控制与管理等，将自己的专业知识和教学理念以及学生个性化的学习要求融入自己的PPT、微课或是网络公开课开发中，从而制作出具有鲜明个人风格特色的教学内容。只有这样，大学英语教师才能真正成为课程的开发者、设计者，从而适应日新月异的时代发展。

在网络技术飞速发展的信息化时代，资源的及时性、丰富性和开放性让教师失去了原有的资源优势，同时随着国际交流和跨文化交际的日益频繁以及社会和学生的要求不断提高，大学英语教师面临着巨大的冲击和挑战。要想适应这一形势，大学英语教师务必要转变自己的角色，明确自己的定位，做学生学习的促进者、引导者，课程的开发者、设计者，教学改革的研究者、实践者，树立终身学习的观念，不断自我完善，谋求发展。率先掌握教育信息技术，具备收集、整合资源和运用、传授信息的能力，积极探索"互联网+"环境下的英语教学改革问题，以不断提高英语教学质量，为培养具有较强语言交流和综合运用能力的复合型人才作出贡献。"互联网+"时代背景下新兴、多元混合教学模式不会取代传统教育，但一定会让传统教育焕发出新的活力。

第二节　信息技术与英语教学融合的内涵与本质

一、融合的定义

2010年国务院印发的《国家中长期教育改革和发展规划纲要（2010—2020年）》指出"信息技术对教育发展具有革命性影响，必须予以高度重视，把教育信息化纳入国家信息化发展整体战略"。为进一步落实教育信息化总体部署，教育部编制印发了《教育信息化十年发展规划（2011—2020年）》，明确强调"教育信息化要充分发挥现代信息技术优势，注重信息技术与教育的全面深度融合"。在国家教育信息化大政方针的指导和引领下，我国教育界掀起了信息化教育的热潮，"慕课""微课""翻转课堂""在线课程""移动学习""手机云班课""信息化教学大赛"等一系列互联网教学术语开始频频走入教育各界人士的视野中。

大学英语是各大高校开设的一门公共必修课，也是一门应用性极强的语言课程，在大学英语教学实践中充分利用"互联网+"带来的优势，为学生提供丰富、可视化的学习资源，创设交互、情景式的动态学习环境，大力借助现代教育信息技术更新教学内容、优化教学环境、革新教学模式、提升教学质量显得尤为重要。

传统的大学英语课堂，以"一间教室、三尺讲台、一支粉笔"为模式，教师是主演，学生是观众，难以激发学生的学习热情、发挥学生的主观能动性，从而弱化了课堂教育的功能。此外，语言的社会交际功能决定着大学英语必然是一门集艺术性、交流性、实践性、应用性于一体的学科。教师应按照《大学教育英语课程教学基本要求》"积极引进和使用计算机多媒体、网络技术等现代化的教学手段，改善学校的英语教学条件，营造良好的英语学习氛围，激发学生学习英语的自觉性和积极性"。在信息化教育环境下，教师就必须成为学生学习资源的提供者和开发者、学生学习能力的引导者和促进者、学生学习过程的沟通者和合作者、教学方法的创新者和反思者、教学活动的设计者和组织者、信息技术的研究者和学习者。深入钻研教材，利用现代信息技术，调动一切可利用的教学资源，投入更多的精力为学生提供丰富、可视化的学习资源，创设开放、动态的交互式教学情景，调动学生的学习积极性、主动性和课堂参与性，引导学生灵活应用英语进行交际，让课堂出彩，不断激发学生的求知欲，让学生真正成为学习的主人，投入其中、学在其中、乐在其中。

二、融合的内涵

现代教育中信息技术与大学英语教学的深度融合并不仅仅是把信息技术当成单纯的教学辅助手段，而是把信息技术作为一种促进学生自主学习、优化教师教学环境、提升教学质量与效果的工具。教师要主动学习先进的教学理念，充分运用现代教育信息技术，把其作为学生主动学习的认知工具、情景教学的创设工具、教学资源的整合工具，并将这些"工具"运用到教育教学实践中，使信息技术化为优质课堂的隐形助推力，成为课程内容的有机部分，以超媒体结构方式组织教学，设计、开发集文字、符号、图形、图像、活动影像和声音等多种因素于一体的教学课件，用多媒体技术解读、模拟或再现传统教学技术无法展示的课本对话或篇章场景、情景。实现信息技术与各种优质教学资源的有机融合，从而优化教学环境，从根本上改变传统的教学模式，大力培养学生收集获取英语语言信息能力、分析加工语法句型结构能力、英语交流应用能力、互助协作能力和自主创新能力，充分发挥学生的语言学习主体性、能动性和自觉性。教学中的信息技术应用不仅可以丰富教学内容、改变教学模式、优化课堂，而且可以在迎合学生的心理和时代发展特征的基础上，拓展学习空间。学生可以通过手机、iPad等工具，利用信息技术网络教学平台学习与巩固课堂知识，搜集、预习语言文化背景知识以及学习参考资料等，也可利用信息技术进行自主听、说、读、写、译训练，进一步提高英语语言应用能力，养成自主学习的好习惯。

有效利用信息技术改革大学英语教学，不仅能创建新型教学结构，更可以革新教学思想、观念、理念，深化教学内容、教学方法、教学手段和教学过程的改革，实现教学效果最大化。

利用现代教育技术微信公众号和现代教育技术微信群建立"互励互教式"微课教学平台，可以拓展最初的课内知识点讲授，在"互励互教式"微课教与学下，学生对知识点的掌握、实践能力均有很大进步，思想道德品质也得到了很大的提高，教师从传统知识讲授者转变为知识的引导者，学生从知识的被动接受者转变为学习过程的主动参与者，教与学的过程从课堂延伸至课外，大大提高学生的自学能力、积极性和主动性。希望通过本研究探索网络微课教学的规律，为今后更多的课程建设提供帮助。

三、融合的思路

2017年1月，国务院发布《国家教育事业发展"十三五"规划》，明确提出全力推动信息技术与教育教学深度融合，利用混合式教学等多种方式，形成线上线下有机结合的网络化泛在学习新模式。该规划强调"互联网+教育"，意味着教育信息化为大学英语教学开辟了更为广阔的前景：大学英语教学不再拘泥于以教师为中心的知识传授，而是利用"线上学习"与"课堂教学"有机融合的混合式教学模式培养学生的英语应用能力。此外，《大学英语教学指南》也提出了现代信息技术与大学英语课程相融合的教学理念，鼓励教师实施混合式教学模式，明确指出在此理念指导下开展英语教学新举措。

一些研究者针对信息化时代的教学设计、教学模式和教学实践等展开了深入研究，但在混合式教学模式下，学生作为学习的主体，受到的关注较少。混合式教学模式以学生为中心，支持学生主动进行意义协商和知识构建，从而提高教与学的效果。实施混合式教学的有效途径就是切实发挥学生学习的能动性。然而，中国学生的在线学习经验缺乏、语言实践能力不足、自主学习意识薄弱、参与积极性不高、对混合式教学方式不适应，使得无论是在线学习还是基于在线学习的课堂教学都不能达到预期效果，从而成为有效开展混合式教学实践的"瓶颈"。本节以大学英语教学为例，探讨混合式教学模式下"实践共同体"对大学英语教学的作用。为信息技术与英语教学深度融合提供一个新思路。

"实践共同体"也称为实践社团、实践社区。这个概念指的是对某一特定知识领域感兴趣的人互相发生联系，围绕这一知识领域共同工作和学习，共同分享和发展该领域的知识。有团队指出，实践共同体的三个结构要素是知识领域、共同体和实践——知识领域，决定共同体成员的共同兴趣和身份感，他们受共同愿景的驱动，联系在一起共享、应用、创造知识，促进自我成长；共同体是学习的社会情境，其成员交流协作、互帮互助、共同实践、共同学习；实践是成员主动参与学习、发展共享知识资源并进行实际运用，成员在实践活动中学习知识，然后又将知识运用到实践中，以获得新的实践知识。

实践共同体的形成对有效学习的发生有积极的促进作用。实践共同体的知识转化是一个正反馈循环，正反馈使得共同体成为一个学习主体，在实现个人学习的同时有效促进动态知识生成。实践共同体的维持和发展可以通过组织的参与和管理，提高知识共享水平和效果。这一理论适用于课堂研究，对课堂建设有重要的启示意义。

混合式教学将面对面教学与在线教学相结合，是信息化时代大学英语教学改革的必然产物。北京科技大学"大学英语混合式教学团队"通过教学实践，解构并重构传统课堂，将混合式教学分为在线学习、课内应用和课外实践等三个核心构成部分，它们在丰富的情境与应用的语境中互相联系、互相融合、互相支撑、互相促进。混合式教学弥补了传统课堂教学的不足，有利于充分发挥学生在学习过程中的主体作用，从而促进学生主动学习、自主学习、合作学习。

基于大学英语混合式教学模式的实践共同体是一种由学生和教师组成的学习型组织。学生为了获取英语应用能力，与其他学生和教师在实践过程中交流讨论、互动协作、共同实践，不断共同建构并发展英语语言知识和能力。

实践共同体的成员是北京科技大学中参加大学英语混合式教学的 1603 名 2015 级学生。这些学生属于不同专业，共同在中国大学 MOOC 平台上学习大学英语系开设的 SPOC 课程，获取语言知识，进行讨论交流，并分别进入各自的面授课堂与其他成员合作，完成语言展示、语言应用和语言实践等任务。

大学英语的实践共同体包含发起者、核心成员和一般成员三类成员角色。其中，发起者是指教师和助教：教师通过发布线上教学资源和课堂交流帖子、组织线下交流讨论活动、布置课后合作实践项目，积极推动实践共同体的形成和发展；助教则通过在线回帖为学生答疑解惑，维护共同体的正常运转。核心成员是指英语能力较强的骨干分子，他们通过线上主动发帖和回帖、线下积极引领课内活动和实践项目，分享英语语言知识和学习经验，领导其他成员进行语言实践学习。一般成员是指英语学习的参与者，他们通常按照课程要求完成线上线下语言学习任务，在发起者和核心成员的引领下参与线上线下的交流和分享，完成实践学习。

实践共同体成员具有共同愿景，短期目标是完成大学阶段的英语学习，获得课程分数；中长期目标是通过英语课程学习，提高英语应用能力。在共同愿景的驱动下，实践共同体成员积极参与相关的学习活动：（1）自主学习在线课程，通过观看微课视频，完成在线练习，获取进行语言实践所需的知识。在这个过程中，可以随时在讨论区与其他成员讨论课堂话题，就在线学习过程中产生的疑惑提问，大家群策群力共同寻找解决方法，并分享学习过程中积累的学习资源和经验；（2）进入面对面课堂内，在教师创设的相关学习情境中分享在线学习成果，并与其他成员互动协作，完成学习任务，应用语言知识，在共同学习中巩固在线学习成果；（3）对知识内容和语言能力进行梳理，与其他成员合作完成教师布置的语言项目并进行实践产出，在实践中相互启迪，获取新的语言知识与能力。

实践共同体成员的学习目标是通过在线学习、课内应用和课外实践，完成技艺传授、镜像学习、语言应用和以文成事等学习活动，最终获取语言知识，提高英语应用能力。无论是在线讨论区的互动交流，还是课堂内语言应用任务的协作完成，都有利于学生不断地分享、应用知识，并在运用知识的过程中构建、内化知识。课外实践项目基于在线学习和课内应用取得的学习成果，要求学生在"做"的过程中将学到的知识内化为个人知识，并创造新知识。随着一个教学过程的完成，实践共同体成员也完成了一个语言知识获取的循环。

随着信息化时代的到来，学习者的学习方式正经历前所未有的革新，现代教育技术与外语教学的深度融合使混合式教学模式应运而生。学生作为学习的主体，需要提前做好充分准备，以迎接这种前所未有的学习方式。习惯于"填鸭式教育""被动学习"的学生，要想适应混合式教学模式恐怕不易。实践共同体为学生提供了交流讨论、相互协作、共享知识、实践知识的途径，是大学英语混合式教学实施的有力保障。

混合式教学模式是信息化时代教学改革的必然趋势，而大学英语混合式教学模式是外语教学与现代教育技术深度融合的产物。但是，要想让已经习惯了传统教师讲授型课堂的中国大学生转变学习方式，就需要有语言学习、应用等方面的支撑，这是有效实施混合式教学模式的关键问题。构建基于大学英语混合式教学模式的实践共同体，为解决这一关键问题提供了有效环境与途径。学生在语言学习的过程中自主交流、相互协作、共享知识，并在语言实践的过程中共享、运用、内化、创新知识，这有助于在线学习和课内教学的有效实施，能切实提高学生的英语应用能力。

第四章 信息化背景下大学英语教学模式的创新

本章对信息化背景下大学英语教学模式的创新进行具体介绍,包括大学英语课堂慕课的应用、大学英语课堂翻转课堂的应用、大学英语课堂混合式教学的应用。

第一节 大学英语课堂慕课的应用

一、慕课教学概述

(一)慕课的诞生

"Massive Open Online Course"的英文首字母缩写为MOOC(慕课),直译为大规模开放在线课程。MOOC不仅是学习内容和学习者的聚集,更是一种通过共同的话题或某一领域的讨论将教师和学习者连接起来的方式。[1]

从概念分析慕课,慕课含义具体如下。

所谓"大规模",就是有大量的学习者参与学习。注册参加这门课程的学习者有几千人、几万人,甚至几十万人,这些学习者来自社会的各个阶层、各个年龄段。这种规模性的教育行动以前从未出现过。此外,"大规模"的慕课,不仅意味着学习者人数的数量众多,也意味着有更多的老师加入到慕课教学中来。

所谓的"开放"指的是慕课的学习是一种没有任何限制的、开放的教育形式。慕课作为"开放教育资源"(OER)运动的延伸,是开放教育趋势中的一项重要内容。有了"慕课",每个人都可以通过网络进行学习,只要他们有时间,就可

---

[1] 张玉娴. 慕课中的学习评价 [J]. 世界教育信息,2015(9):15—20.

以开展线上学习。

所谓"在线",就是在互联网上实现教学资源与信息的共享,就是在网络环境下发生的学习活动。

慕课产生的时间虽短,但其孕育和发展过程并不短,慕课是长久积累的产物。确切地说,慕课可以追溯到 20 世纪 60 年代。美国的著名发明家以及知识创新者道格拉斯·恩格尔巴特(Douglas Englebart)在 1962 年提出了一项研究计划,并发起了一个研究项目,该项目呼吁把计算机技术运用到学习过程中,对"破碎的教育系统"进行改革。从那以后,学者和研究者们就一直在做类似这样的工作。

对于慕课来说,2007 是一个非常重要的年份。同年秋季,美国学者戴维·维利在 Wiki 技术的基础上,推出了一门名为"开放教育导论"(In-troduction to Open Education)的开放式课程。该课程是研究生层次的、3 个学分的开放在线课程,这门课程的突出特色是开放课程中的大量内容和材料由来自世界各地的参与者或学习者贡献的。换句话说,学习者在这门课程中不仅仅是一个消费课程的角色,还会在学习的过程与其他人一起建设这门课程。这种设计很有趣,也很科学。一方面,该课程的本质要求教师与学生都要有一种开放的心态,并且要有一种务实的实际行动;另一方面,戴维·维利选择的 Wiki 技术平台,成为共建共享的重要基础。

亚历克·克洛斯是加拿大里贾纳大学教育学院的教授,他在 2007 年开设了"社会性媒介与开放教育"(Social media & Open Education),主要针对研究生层次开设。这门课程始终是开放的,一直对所有以获得学分为目的的学习者开放,也对其他的人开放。这门课程具备一个非常突出的特征,即邀请全球范围内的专家共同参与到本课程的教学活动中。

大卫·柯米尔(加拿大爱德华王子岛大学网络传播与创新主任)和布莱恩·亚历山大(加拿大国家人文教学技术应用研究院高级研究员)在 2008 年共同提出了"慕课"这一理念。2008 年 9 月,"连通主义与关联知识"(Connectivism and Connective Knowledge Online Course,CCKOC)作为世界上第一门慕课由加拿大学者乔治·西蒙斯和斯蒂芬·唐斯开设,这门课程有来自曼尼托巴大学的 25 名学生进行付费学习,有来自世界各地的 2300 多名学生进行免费在线学习。这门课程具有兼容并蓄的特点,不仅对维利的开放内容和学习者参与的思想进行了借鉴和吸收，而且还对克洛斯的集体智慧的举措、开放教学进行了借鉴与吸收。除此之外，这门课程还采用连通主义学习理论和教学法，支持大规模的学习者参与其中。

CCKOC 的全部课程内容均可通过 RSS Feed 进行订阅，学习者可以自己选择使用工具参与学习：学生可以使用开源课程管理系统——Moodle 来参与在线论坛讨论，发布博客，在第二人生中进行学习。对在线会议进行同步参与。此后，这种课程结构被许多教育工作者所采纳，其中包括吉姆·格鲁姆教授（玛丽华盛顿大学）、迈克尔·布兰森·史密斯教授（纽约城市大学约克学院）等，不仅如此，他们还在全球的各个大学主办了自己的慕课。此时慕课的类型理论基础为连通主义学习理论，因此，也被称为 MOOC，之后逐渐获得推广，例如 eduMOOC、MobiMOOC 等。

重要的突破发生在 2011 年秋天，美国斯坦福大学教授塞巴斯蒂安·史朗（Sebastian thrun）与彼得·诺维格（Peter Norvig）把为研究生开设的"人工智能导论"课程放在了互联网上，吸引了来自 190 多个国家和地区的 16 万余名学生，并有 2.3 万人完成了课程学习。从而掀开了慕课的新篇章。

史朗是谷歌 X 实验室的创始人之一，他领导了包括谷歌眼镜、无人驾驶汽车等多项创新性技术的研究，又在教育上开辟了新的道路。2012 年，Udacity 慕课平台由史朗创立。之后，诸如 Coursera、edX 这样的慕课平台也开始出现并得到了快速的发展。由于它具有高质量的课程内容、短视频的设计模式、新颖的测评方式、庞大的学习者群体，以及非常强大的辐射性，使得其获得了教育领域、科技领域、商业领域等多个领域的广泛关注，成为 2012 年教育领域中的一件大事，它将全球开放教育运动推向了一个新的发展阶段，这也是对人类文明传承的重要变革，同时也是知识学习方式的一次革命性变化。这一年，被《纽约时报》冠以"慕课元年"的称号。

（二）慕课的发展历程

1. 最初应用

慕课最初发端于世界一流的高等院校，也最先引起世界各个国家高等院校的关注和争论，在中国也是如此。早在 2010 年前后，就有不少大学开始密切关注慕课的发展。

2013年5月21日，清华大学宣布加入edX。同年8月10日，清华大学作为中国大陆最早进入edX的高校之一，率先在edX上开设"电路原理"与"中国建筑历史"两个在线课程的学习。在加入edX之后，清华大学从2013年6月起，将学校内部的力量和资源进行了整合，组建团队成立了一个以edX开源代码为基础的中文学习平台，并于10月10日正式上线了"学堂在线"，向全世界开放在线课程。清华大学开设的包含"电路原理""中国建筑史"在内的五门课程、麻省理工学院开设的"电路原理"课程、北京大学开设的"计算机辅助翻译原理与实践"课程，作为第一批上线课程在平台开放选课。此外，还有两门清华大学的校内课程"C++程序设计"和"云计算与软件工程"，已经采用该平台进行混合式教学，让学生在课前先通过视频进行充分预习，以便于教师在课上将更多的精力用于启发式教学。

2013年3月，北京大学发布《北京大学关于积极推进网络开放课程建设的意见》，致力于推进网络开放课程建设。2013年5月21日，北京大学和清华大学同时加入edX，9月23日，北京大学首批四门课程"20世纪西方音乐""民俗学""电子线路"和"世界文化地理"在edX平台对全球用户开课。2013年9月8日，北京大学与Coursera签订协议，正式加入Coursera，并于9月30日在Coursera平台上首期发布三门课程。

2013年7月8日，上海交通大学和复旦大学宣布加入Coursera联盟，成为加盟Coursera的首批中国内地高校。2013年12月1日，上海交通大学首批两门课程"数学之旅"和"中医药与中华传统文化"在Coursera上线。2014年4月1日，复旦大学首门课程"大数据与信息传播"在Coursera上线。

2014年4月8日，由上海交通大学自主研发的中文慕课平台"好大学在线"正式发布。上海交通大学和台湾交通大学的"中医药与中华传统文化""法与社会""粒子世界探秘""孙子兵法与企业经营"等8门课程率先上线。

2013年2月21日，中国台湾大学加盟Coursera，8月31日推出其首批慕课"中国古代历史与人物——秦始皇"和"概率"，这也是全球首批用中文授课的慕课。

当然，更多的大学则采取了观望的态度。这些大学的管理者不确定慕课究竟与以往的在线课程有什么不同，也不确定慕课会对高等教育产生怎样的影响，因此较为保守。

但是，随着慕课的发展，越来越多的大学开始思考如何利用慕课提升自己的人才培养质量，或者说将慕课用于大学校内的课程与教学改革。一些政府机构和社会团体开始试图借助慕课实现高等教育资源的公平与均衡发展。其中，大学课程联盟就进行了积极探索和大胆尝试。

2. 高等院校课程联盟

随着慕课的兴起，许多大学在教育部的引导下，自发地形成了一种非营利性的开放性课程联盟，联合起来共同探讨具有中国特色的慕课发展道路。高等院校课程联盟，以网络视频的混合教学模式为基础，构建出了一种优质课程市场化的共享机制，从而实现广泛共享优质教学资源，实现了对高校优质课程与师资力量上存在的不足和缺陷的弥补，将传统的教学方式开始向现代化教学方式转变。

（1）上海高校课程中心

上海市教委为了实现上海各个高校在师生、专业、课程等方面实现资源共享，建立了一个大型的在线教学平台——上海高校课程中心。2012年12月上海高校课程中心建成并进行跨校选课。之所以要建立上海高校课程中心，主要目的在于对上海各个高校的优质教学资源进行整合，在此基础上，上海市建立起一种可持续的、长期的、上海各高校学生的跨校课程资源共享机制，为学生提供各种学习支持，比如学分互换、跨校选课、专业辅修等。到目前为止，已经有30所上海高校，如复旦大学、同济大学、上海交通大学等参与联盟。在这30所高校推荐后并经过质量管理委员会的筛选，得到了一些通识课程，在确定教学模式并进行认真的准备之后，将其推出，供学生们自由选择。上海高校课程中心采用多种形式，比如在线进阶式学习、小组讨论、见面课直播互动等开展教学，实现了联盟院校之间的学分互认。在2012年对外开放的七门课程中，选课的人数就超过了3000人次，其中选课人数最多的是"哲学导论"课程，人数超过了1000人。

（2）东西部高校课程共享联盟

2013年4月，在重庆大学正式成立了中国东西部高校课程共享联盟。该联盟主要是由重庆大学发起，具体成员包含中国人民大学、北京理工大学、北京航空航天大学、复旦大学、哈尔滨工业大学、上海交通大学、重庆大学、四川大学、兰州大学等高校。该联盟建立的主要目的在于对我国的高校实现教学方式的转变，由传统转向现代化的方式，加强对视频网络课程的建设，同时建立起依托于网络视频的混合教学模式，进而构建出一套以市场为导向的优质教育资源的共享机制，以此为基础，实现了优质教育资源的广泛共享，对当前面临的优质的课程和师资力量的不足进行弥补。东西部高校课程共享联盟具有非常多的优势，一是可以有效解决各个高校中校内选课不足的问题；二是可以借助于跨区域、跨学校、跨文化的教育教学互动，实现对更多高水平人才的培养，使其具备扎实的专业能力与较强的创造力，成为国际化的高层次人才。

3. 企业带动发展慕课

随着慕课的迅猛发展，不仅高等教育和政府机构对其表现出浓厚的兴趣和极大的热情，不少企业也纷纷投入人力、物力，积极推动慕课的发展。这些企业绝大多数是互联网企业，或者说本身就是专门从事在线教育的互联网企业。它们一方面预见到了慕课所带来的商业上的可能性；另一方面也试图以此为契机，推动和发展慕课，从而间接地为企业发展创造条件。网易、优酷网、果壳网、译言网等企业和一些非营利性组织，都积极投身其中。对于Coursera的课程中译计划，果壳网和译言网积极参与其中，为慕课在中国的推广和发展打下了坚实的基础。

（1）网易

国内最早加入国际开放课程联盟（OCWC）的在线教育产品是网易公开课。网易公开课自2010年上线以来，一直秉承着公益理念与开放性的原则，持续将高质量的课程资源纳入其中，扩大了产品的服务范围，在全国率先推出了"国际名校公开课"，之后与高等教育出版社、TED、可汗学院、英国广播公司（BBC）等多个著名机构开展了合作，进一步完善了该平台的知识体系与知识结构。网易公开课于2013年10月8号正式与Coursera公司建立了全面合作关系，旨在为中国的公开课爱好者提供更多来自世界各地的高质量的、优质的课程。

此次合作的首要阶段包括两个部分：一是网易为Coursera提供视频托管服务。中国的用户可以通过视频托管直接在网易上对Coursera网站的大部分视频内容进行读取，读取工作不需要到境外的网站，这就对播放延时的问题进行了解决，极大地提高了用户的观看体验。二是在网易公开课域内开设Coursera官方中文学习社区。这可以使得中文的学习者不再具有语言障碍，增强彼此间的合作与交流。在这个专区里，不但可以看到Coursera的高质量的课程简介，还可以看到由授课老师特别制作的专门针对中文学生的教学录像，并可以看到来自世界各地的学生们的精彩课堂评论。与此同时，还会邀请一些授课老师和助教进入社区之中，可以与学生们进行直接讨论与交流。

爱课程与网易 2014 年 5 月 8 日联合开发的中国大学 MOOC 平台正式启动，面向全国各大高校，各个高校可以通过这个平台开展慕课的开发与应用。

（2）优酷

2013 年 6 月，优酷与 Udacity 达成独家官方合作，成为国内 Udacity 课程发布渠道平台。优酷教育频道现已上线包括统计学入门、创业入门、计算机入门等在内的数十种类别、近千集翻译成中文的 Udacity 最新在线视频课程。

（3）果壳网

果壳网是一个开放、多元的泛科技兴趣社区，提供科学有趣的科技主题内容。MOOC 学院是果壳网旗下一个讨论慕课的学习社区。MOOC 学院对自身的定位是：讨论、点评和记录课程，而不是直接在 MOOC 学院上课，课程是属于其他平台的，我们专注于帮助学习者互相交流，发现课程。

目前，MOOC 学院已经整合了目前主流课程平台，如：Coursera、Udacity、edX、FUN、iversity、Future 等平台所开设的课程，并且已经完成了对大多数课程的课程简介的中文翻译。用户可以在 MOOC 学院为学习过的课程点评打分，在学习的过程中可以与同学讨论课程问题，记录并共享课程笔记。

同时，果壳网还成立了"果壳教育无边界字幕组"，旨在打破教育的边界，让语言不再成为学习的阻碍，并和译言网一起加入 Coursera 全球翻译合作项目。

果壳网一直致力于推动知识分享。2013 年 10 月，果壳网发起了针对 MOOC 中国用户的大规模问卷调查；2013 年 11 月 8 日，果壳网召开了第二届"知识青年烩"，主题是"华语世界的 MOOC 学习"，邀请了数百名教师和学习者，共同讨论如何完善慕课的教与学。

（三）慕课的特征

1. 网络环境具有开放性

慕课的开放是对"有教无类"理念的最好体现。实际上，这种开放性也是慕课从诞生之日起，就一直在强调的教育公正的理念和原则。慕课的开放性在慕课教学中体现得淋漓尽致。慕课的初衷与教育的开放性和公平性紧密相连，从学生免费注册，到课程资源的选择，再到课程学习的讨论，再到一系列的线上活动与线下活动，对每一个学生来说都是开放的。同时，随着各个平台上高校合作伙伴的增多，跨校、跨学科的学习逐渐展现，高校之间的学分互认也成为可能。

有人认为，教育的公平性，首先应表现为学习机会上的平等，而教育的开放性，则应表现在学习机会的平等上。学习者只要是在慕课中，只要是身处互联网的环境中，不管是什么时间、什么地点、什么文化背景，都可以随时进入慕课之中进行学习，可以随意选择自己喜欢的或者自己需要的客户才能。慕课这种对所有学习者的开放性是慕课最为基本的特征。

根据目前慕课平台的数据，目前已有超过 190 个国家和地区的学生注册，由此可见，学生遍布世界，分布非常广泛。尽管美国是最大的慕课联盟，但美国的慕课生源占总生源数的 1/3。由于某些原因，我们无法从人种学角度对学习者的民族成分进行统计，但是我们可以从学习者的注册信息和话题讨论中了解到他们的年龄、性别、生活经历、学历等。从目前的数据来看，在学习者的性别上，没有显著的差距，相对来说，男性的学习者稍微多一些；就学历来看，占大多数的为 20 到 30 岁年龄段具有大学学历或者正在进行大学本科或研究生学习的学生，此外还有很多初高中学生加入慕课的学习之中，并且拿到了成绩认证证书，当然还有一些参加社会工作之后依旧进行学习的各行各业的人。此外，学生们参加慕课的动机也各不相同，呈现出多样性：有些人通过课程的学习提高自己的业务能力和专业水平；有些人是出于兴趣；有些人纯粹是出于好奇；有些人则是抱着试一试的心态，就如同游戏通关积攒勋章一样，主要目的在于证书……正因为慕课所具备的这种开放性，使得很多不同年龄、不同阶层、不同目的、不同学习背景的学习者参与其中，正因为学习者的不同身份和背景，使得在慕课中很多的学习讨论并不会局限于课程本身，而是变成了一种文化的碰撞与交流。

慕课也是对所有人敞开大门，没有任何门槛。除了一些需要深入理解的课程，需要一定的专业理论知识作为基础之外，大部分课程都是初学者在一开始就能直接进行课程的学习的。同时，慕课的教与学过程中所使用到的工具以及资源也是具有开放性的。对于慕课中的每一节课，都会设置一个大致的时间范围，也就说，一门课的开课时间是固定的，有的是几周有的是十几周，每周开始的时候，课程的组织者会将一节课的内容与作业进行上传，学生可以自由地在这一周之内安排时间进行学习。这种在时间上的开放，给学习者在计划自己的学习时间方面带来了很大的便利。此外，学习者的学习环境可以由学习者自己来选择，在这个过程中，学习环境不仅包括了选择线上讨论小组、交流平台，还包括了选择现实中的学习环境。对于同一种材料，不同的学生可能会有不同的理解、关注、疑惑等。在这个平台中，所有的参与者都可以参与讨论组的讨论，所有的学习者都拥有着平等的地位，他们可以提出问题和见解，并且可以进行交流和讨论。对于开放式的交流来说，即使是课程发起者也不会给出唯一的限定的答案，也不会局限在一个角度和领域中。学习者可以利用讨论的方式来自主地构建知识体系，也可以利用互动的方式来进行知识的传播与分享，从而让知识变得更加延伸和开放。与此同时，在每一个慕课讨论区或讨论组中，都会有与已完结课程有关的资源，也会有学习者共享的学习笔记。这样，新加入的学习者或者错过了这门课程的学习，可以对这些资源进行二次利用，进行补充学习，从而对网络课程资源的利用率进行了全面提升。

2. 课程教学理念以自我学习为主

通常来说，一个完整的课程教学设计包含了四个基本要素，分别是：一是目标，即预计教学所要达到的预期目标；二是内容，即选择相应的知识经验；三是策略，对教学的有效组织；四是评价，获得必要的教学反馈。它是一种对教学活动进行整体性、系统性的决策与规划，并对整个教学过程的总体构架和方向进行确定。一般来说，传统的线下课堂的课程教学设计都包含以上四个要素，这也决定了传统课程教学的"三大件"——知识讲授（以40分钟到45分钟的学时为单位）、课后作业、考试，基本上教师是主导者，并且是非常固定的教学结构。虽然在理论领域中，新的教学思想和新的理念在不断地更新，但教学设计、教学基本结构、教学组织、课堂活动等却基本上没有发生变化。以上这样的课程教学设计的基础和前提是掌握知识，达到学习目标，非常注重学习者在教师的引导下进行先学后练，通过练习来巩固知识。

慕课在传统的课程教学设计的四要素基础上，对学习者的自主学习非常关注与强调。慕课与传统的线下课堂类似，也具备"三大件"：一是课程的讲座视频；二是嵌入式课程测试与评估；三是论坛小组，主要是进行师生互动和生生交流。由于慕课面向的学生人数众多，是一个庞大的学生群体，因此，传统的线下教学无法保证每个学生都可以跟上学习进程，慕课也无法实现老师和学生之间"一对一"的互动交流。慕课的主要目的不在于师生之间的一对一交流，而是侧重于为一些想要推广优质教育的学者和专家，以及想要学习但是缺乏教育资源的学习者构建一个可以进行交流与学习的平台，引导学习者按照自己的方式和步骤进行学习。因此，在整个线上学习的过程中，学习者完成学习任务最主要的督促作用是其自我管理与自我监督。因此，在慕课中不仅要重视与线下课堂一样的教学质量问题，还需要在进行课程的教学设计的时候，就考虑到其所面向的是巨大学习规模来自于不同学习背景的学习者，对不同背景的学习者的需求进行最大限度的满足，引导学习者利用优质学习资源进行自我学习。

同理，当慕课面向的是大量的学习人群时，学习者也会面临着大量的可供选择的、不同专业属性的慕课课程。这就不可避免地导致了在同样的慕课课程中，出现了同行之间的竞争，而在传统的线下课堂中，这样的竞争是不存在的。在传统的线下课堂中，老师们只需要根据教学大纲的目标，在自己所熟悉的学生中，把每一节课都完成就可以了。因此，对于慕课课程的设计人员而言，通过新颖、有趣的内容来吸引学生的注意，通过老师的人格魅力吸引学生，借助课程的内容来留住学生，从而让学生成为一门课程的忠实"粉丝"，才是一门课程能够经得起考验、存活下来的关键。

3. 短小精确的课程内容选择与组织

在传统的线下课程中，需要按照一定的课程标准来进行讲授，同时，需要使用可以对学科内容进行系统反映的教材，配备相应的教师用书与练习册来作为线下课程的辅助。根据授课形式的差异，可以将其分成两种类型，一种是分科课程，主要以学习各专业领域理论为主要内容，另一种是活动课程，将开展实践活动作为主要内容或者以实验为主要内容。通常情况下，传统的线下课程都是由国家统一编写并实施的，它是一种权威性和强制性的教学，也有一些地区立足于自身的地域特色，制作了一些地方课程，以此来作为主体课程的补充。然而，无论是学科课程，还是活动课程，不管是全国课程，还是地方性的课程，都是基于知识的逻辑性、知识的系统性和学习者的发展需求进行开展的。所选择的课程内容都是以教材为主，作为教师是没有办法对教材的内容进行改变的，教师需要严格按照教学大纲以及教材的要求进行授课教学。

慕课的设计者与讲授者相较于传统课堂的教师来说，在课程的内容上具备非常大的选择权，慕课的设计者和讲授者可以站在自己的专业角度，整合自己的专业领域的知识和内容，将课程设计成具备专业性的课程内容，甚至是设计成具有跨学科性质的课程内容。陈肖庚的观点认为，在课程的内容上，慕课强调重组（Remix）。不管是各个学科与领域的专家，还是各个学科与领域的教师也好，都可以在慕课这个平台上上传编写好的多样化的网络课程与资源。在设计之初，这些并不一定是相互关联的学习材料，它们独立地成为一个学习单元，也能够根据一定的意义、逻辑、目的，对它们进行重新整合，将它们组合成一个拥有不同学习目标的学习单元集，从而对课程资源实现充分的再利用。课程的设计者和讲授者即使是没有对已有的网络课程资源进行运用与选择，而是在慕课的课程教学设计的时候选择了新的课程内容，或者是讲授者线下课堂中的内容，此时呈现出的慕课课程与线下课程所讲授的也是有很大不同的。慕课的视频一般都是十几分钟，所以给学生们呈现的都是一些很短的课程视频，还有一些其他的学习材料作为辅助。这种视频组合的方式与原本的传统课程时间不同，打破了原本的传统线下课堂 40—45 分钟的授课节奏。这就决定了其教学内容的展示与传统"满堂灌"的展示方式有很大的区别。因此，课程设计者和讲授者在选择课程内容的时候，应该选择更具普适性、更容易理解的内容，来进行授课视频的制作。此外，在制作课程的时候也需要对以上的各个方面进行考量，同时注意使用多种教学方法以及合理使用教学媒体，保证在编排的时候一方面可以保证讲授清楚课程内容，另一方面也会给课程增加趣味性和实用性，为更多的受众所接受。

二、大学英语慕课教学的意义

英语慕课教学在英语教学中的运用必然会导致教学方式与理念的变革。这就是说，慕课教学对当前的英语教学具有重大的作用，具体表现如下。

（一）有助于普及教育公平发展

学习者可以摆脱国籍和地域的限制，利用邮箱进行注册，他们就可以参与到国内外的名师课堂中进行学习。这种方式可以让高质量的教育资源共享，从而达到教育公平、教育民主的目标，可以在某种程度上解决高质量的教育资源分配不均衡的问题，让学习者可以享受到平等的学习机会，可以让学生们共享到包括师生关系、教育方式、教育内容等各种各样的教育资源。

（二）发挥学生学习主体地位，转变教师角色

在传统教学模式中，教师在整个教学活动中具有主导权，主要是依靠教师进行授课，这就导致学生没有充分自由的学习活动。在慕课中，自主性强是典型的特点，学生可以根据自己的兴趣爱好、自身的学习需求对课程进行自主选择，自主安排学习的进程。学习者可以对视频进行反复观看、在线阅读、与同学互动、向老师提问等自主学习，使得学习者在学习中的主体地位得到了突出，对传统的知识灌输式教学模式实现了突破。

教师角色发生如下转变：

（1）由课堂的"主角"转变为"引导者"

传统教学一直秉承以"教师中心""教材为中心"，课堂"满堂灌"，教师对教学内容、教学手段、时间安排都处于"独裁"的状态，学生处于被牵引和压制的状态。长此以往，学生学习的主动性、创新性都受到很大的影响。在慕课来袭的大背景下，这种牵引和压制必定会被打破，学生可以更方便地获得质量较高的资源。优秀的教师所录制的视频可以为学生提供非常丰富的资源，让学生不仅可以在学校进行学习也可以在家进行学习，在任何时间和地点都可以进行学习。学生的学习方式也会因为网络的出现发生根本性的改变，学习者可以在看视频中学习知识，在讨论组中自由表达自己的观点和看法。慕课可以提高学生的智商，而学生的情商发展、爱心养成、责任意识树立都离不开教师的指导，教师要在理解学生的基础上对学生进行分析，指导学生进行自主发展和自主学习，因此，在信息化进程中，教师的教学职能正在逐步减弱，分析师、引导者的职能将逐渐被强化。老师是孩子成长过程的引导者，老师为孩子成长提供优质服务。

（2）由学生学习的"监督者"转变为"协助者"

慕课使得学习的时间、地点都变得很有弹性，所以教师"监督者"的角色受到冲击。但是教师作为"协助者"的角色还是不可替代的。学生在对慕课资源进行使用的过程中，教师需要指导学生，让学生学会自主学习，对于一节课的教学知识，慕课未必能够全部展现出来，主要是起到一种画龙点睛作用，或者是直击"病灶"、抛砖引玉的作用。教育活动是一个非常复杂的过程，仅仅通过网络教学取代传统的教学是不可能的，尤其是最开始进行慕课的推行时期，应该对学生进行指导，指导学生在家完成网络在线的慕课学习。把课堂变成师生之间进行深度知识探究、进行思辨、进行互动与实践的平台与场所，真正改变传统的以教师为中心、以知识灌输为中心的教学模式，将其转变为个性化学习模式——以学生为中心，以能力提升为核心的模式。

（3）由"单打独斗"者到"团队协作"者

慕课资源的开发是一个复杂的过程，它的技术要求很高，有些情况下，一个老师很难独立完成慕课资源的指导，所以必须要有一个专门的教师团队来共同设计、共同完成。要做到这一点，就必须构建一支以各学科骨干教师为主体的慕课研究团队，在教师团队中需要进行明确分工，以此展开课程资源设计活动。有些教师要负责在一定的框架下，对课程的教学目标进行设定，对学生可能遇到的热点、难点问题进行预设，并对教学的重难点问题进行强调和突出。有些教师要对图片资料和网络信息进行收集，对于同课题的典型课例在网络上观看其教学方法和教学资源，并将这些知识吸收、借鉴到自己的教学内容中去。有些教师的工作是对教学视频的录制与剪辑、添加字幕、插入动画等一些技术制作工作，确保片头片尾有清晰悦耳的配乐，有稳定的、清晰的图像，有着合理美观的构图，有着思路清晰的逻辑，有着简洁准确的教师语言，把最精彩的分析讲解过程展现在学生面前，让学生的心理需求和学习需求得到满足。有些老师主要负责质疑问难与研讨交流。有些老师负责在线课程的网络发布、传播和维护等后期的工作。有些老师主要对有信息技术特长的家长、学生的试用体会进行收集，对使用者的使用意见和建议进行收集与分析，并且反馈给设计团队的成员进行后期的处理工作。有些老师会对慕课资源的科学性、系统性、知识性、逻辑性、全面性进行审查，并经过反复的推敲，对其进行修改和完善。总而言之，在慕课资源中，每句话、每一个字、每一个画面之间，都要有一定的逻辑联系和知识概念框架，并且需要将思维导图、图片、视频等多种元素融合在一起。这个构建过程需要一个配合默契的团队来完成。

（三）调动学生英语学习兴趣

慕课能够整合优质教学资源，一方面，慕课拥有一批有着共同兴趣的学习者，学习者可以自我调节学习速度；另一方面，在整个线上学习过程中，改变了以往的、单一的师生关系，学生的学习变得更加生动有趣。在视频播放、社区讨论和课后作业等各方面都能看到互动，从而有效地激发了学生的学习兴趣和学习积极性。

（四）实现"因材施教"的个性化教学

慕课教学模式不仅为学生提供了一个学习平台，而且还收集了海量的数据资源，通过先进的技术手段，对学生的学习行为和学习规律进行深入的研究，以此基础为后续的教学工作提供有力的数据支撑，使得慕课的教学成为非单纯的凭经验行事。在数据中可以体现出学生在学习的各个方面的具体情况、具体细节，并且可以追踪、监控并记录下学生的学习轨迹，其中包含了学生的学习时间、学习难点、重复访问记录、学习方式以及最好的学习时段等内容，分析和研究这些数据，从而给学生提出合理的建议，实现因材施教，从而有效解决个性化、差异化教学的问题。

三、大学英语慕课教学的构建策略

一般来说，在大学英语教学中，慕课教学往往会通过如下几个步骤来展开。

（一）重构课程模式

以慕课为基础的大学英语教学是一种网络在线教学，这就使得它与传统的英语教学相比，具有独有的优点，但是它也有其自身的不足之处，比如，老师与学生之间不能进行直接的互动，不能进行面对面的交流，这就导致了老师不能准确地判断出每一位学生的具体状况，更不能真正做到"因材施教"，老师只能以大多数人的情况为基础进行授课教学活动。因此，在大学英语教学中，慕课教学应与传统教学相结合，实现二者的优势互补，并将两者的资源整合起来，对英语课程的教学模式进行重新构建，以达到更好的教学效果。

两种教学模式有效结合的方式是教师以传统的课堂教学为主、慕课英语教学为辅的形式开展教学，以课本的知识为主要内容，同时辅以慕课教学模式，充分利用慕课所拥有的海量教学资源进一步丰富教学内容，对课本知识进行延展，使学生根据自身的实际情况进行自主学习，扩展知识面。在教学中，要将学生置于课堂教学的主体位置，进行师生之间的活动，对学生提出的问题给予明确的回答，引导学生对知识进行更好的理解,可以更好开展学习活动。在课堂之外,教师还可以利用慕课平台,为学生提供更多的学习机会,为学生拓展知识、补充知识,让不同学生的不同学习需求得到满足。不仅如此,教师也可以借助慕课对课后作业进行布置,在网络上实时监督学生的作业完成情况。

(二)科学制作教学视频

慕课是通过视频来传达内容的,所以教学视频是慕课教学的基础与核心,教学视频的质量直接关系着慕课教学的最终效果。因此,在大学英语使用慕课进行教学的时候,教师要根据本学科的特点,对视频进行细致的制作,既要把握好时间,又要合理安排内容,做到科学细致。一般来说,在制作视频的时候,长度维持在十分钟左右最佳,如果视频的时间太短,就无法对学生充分展现教学内容;如果视频时间太长,学生就非常容易产生倦怠、厌烦的心理。在慕课的教学中,教学视频贯穿始终,学生可以在课前对慕课的视频进行提问,这就使得之后的课堂教学的针对性得到加强;在课中,可以借助慕课视频来让学生加深对知识的理解与记忆;在课后,借助慕课视频,学生可以对知识点进行复习与巩固。慕课视频要有针对性,要突出重点、难点,这样才能让学生更好地掌握知识,进行有针对性的学习。

(三)教师积极发挥作用

慕课在大学英语教学中的作用不言而喻,但是慕课教学模式尚有待完善,需要教师参与相关的培训,而且学生水平各有差异,需要教师实施有针对性的教学。因此,在慕课教学模式中,教师依然扮演着很重要的角色。首先,教师应该积极探索能够激发学生主动性和积极性的慕课课件。其次,教师需要对学生的基本情况有一个清晰的了解,保证慕课课件能够被大多数学生理解和把握。最后,教师还需要了解不同学生的自主学习能力,锻炼学生的心理素质,使他们尽快适应新兴的教学模式。

第二节　大学英语课堂翻转课堂的应用

一、翻转课堂的理论基础

（一）布卢姆的掌握学习理论

在来自美国的翻转教学模式创始人乔纳森·贝格曼（Jonathan Bergmann）和亚伦·萨姆斯（Aaron Sams）的观点中，他们认为翻转课堂教学模式并不是一种新的教育理论，翻转课堂教学所使用的依旧是掌握学习理论。

1. 基本含义

掌握学习理论是由布卢姆提出，该理论的基本含义为布卢姆的"熟练学习"理论，他认为，只要给学生充分的学习时间，并对其进行个别帮助，对教学中的主要变量加以重视，学生就可以在掌握了一个单元的知识后，顺利地进行下一个单元的学习，进而实现教学目的，达到课程目标。掌握学习有一个重要的前提和思想指导——"所有学生都能学好"，主要基础和前提是集体教学也就是班级授课制，并且会及时给予反馈，教师需要对学生提供有针对性的、个性化的帮助，并且需要额外学习时间，让大多数的学生可以达到课程目标的要求。

掌握学习中最为重要的一点是学生可以按照自己的节奏进行课程的学习。学生在完成了一个单元的学习任务之后，要求学生对学习的内容有百分之八十到百分之百的掌握程度，才能证明其对学习内容已经掌握。"退出评估"可以证实学生对所学课程的理解和掌握程度，这既可以通过实验室，也可以通过书面测试两种模式进行测试。在评估中，学生的得分如果少于百分之八十五，应该对自己理解不一致的地方进行重新学习，并在学习之后进行测试。这样，学生所掌握的学习内容就决定了其测试成绩，可以体现其学习情况。根据布卢姆的观点，绝大多数学生只要控制好在教学过程中对学习有所影响的主要变量，就可以掌握所学的大部分知识。

2. 核心思想和重要变量

让每个学生都有足够多的学习时间是掌握学习理论中的核心思想。美国学习心理学家卡罗尔（John B. Carroll）认为：一个学生的能力倾向是指其掌握一项学习任务所需要的时间量。卡罗尔认为只要有足够多的时间，每个学生都能够掌握一项学习任务。

布卢姆认为，要想掌握一门新的课程，就必须关注三个关键的因素，即：一是学生的认知准备状态，也就是说学生为了完成所要学习的任务应该具备的知识储备和技能水平；二是情感准备状态，主要是指学生趋向学习的动机强度的高低；三是教学质量，也就是教学与学生的适应程度。具体的内容如下所述：第一，在学生的认知准备的状态这个方面，需要对不同学生之前所学的知识和已经具备的知识、技能水平之间存在的差异进行关注。第二，学习者学习任务的完成情况会受到学生之前的学习经历的影响，也会受到学生对于学习结果的期望的影响。学生对于一项学习任务的完成度与学生所抱有的情绪和情感有着紧密的关系，会决定学生为了完成此项学习任务所付出的时间和努力，以及会影响在此项学习任务中有多少勇气克服困难、面对挫折。在一个特定的学习过程中，学生成功或失败的经历，将极大地影响到他们以后在相似的学习过程中的表现和结果。所以，老师要多给学生一些正面的强化，例如，多给他们一些鼓励和表扬，多给他们一些表现自己的机会等等。第三，教学质量主要包含三个重要的方面：一是教师如何对学生提供学习的线索和学习的指导；二是学习者善于学习的程度；三是教师如何对学生的学习进行强化。

3.教学要素和教学策略

教学包含线索、参与、强化、反馈—纠正四个基本要素。

第一，学习线索是指学生需要掌握什么内容和教师需要在学习过程中做哪些具体的指导。由于学生领悟学习线索的能力存在差异，因此教师应该针对不同的学生提供不同类型的线索呈现方式。

第二，学生结合教师提供的、针对学习线索的学习提示和学习内容，作出相应的反应或者训练。就是说，学生需要积极参与到学习活动中来。

第三，强化的类型很多，如物质奖励或者精神鼓励等。实施强化的主体可以是教师，也可以是同伴，还可以是学生自己。强化的效果也存在着差异。因此，教师在教学过程中可以视具体情况而采取不同的强化方式以达到较高的强化效果。

第四，教师能够适时根据学生的学习情况给予恰当的指导——给学生提供适合的学习线索,给予适当的练习机会,及时做出强化和反馈。这样,学生能够明了自己的学习任务,得到高效的训练强化,知晓自己学习的结果,整个学习过程始终处于一种可监控和可调节的张弛有度的状态。

掌握学习理论的教学策略分为三个步骤:说明学习需要的先决条件,制订实施的程序,评价这种策略所产生的结果。教师需要向学生清楚、详细地说明学习目标以及如何确定以及达到掌握标准。布卢姆认为,不是制订相对标准来评价学生的学习情况,而是制订一个绝对的掌握标准,促使大多数学生经过努力之后都能够达到它,这样可以促使学生的自我发展和进步。

4. 翻转课堂视域下英语学习理论的教育意义

首先,布卢姆关于"掌握学习"的理论对所有的学生都能达到他们的学习目的是有益的、有着积极作用。掌握学习理论非常注重面向全体学生,在学习的过程中,不希望任何一名学生没有完成学习任务,将每一个学生的学习需要进行突出的、有针对性的满足。

其次,掌握学习理论关注学生的个别差异。在英语教学目标的设定中,教师应该注意到每一名学生原有的个体差异,并对英语教学目标进行适当的调整。在英语教学中,教师要根据学生的实际情况,为不同的学生选用有针对性的、有差异性的教材,采取不同的教学方法,做到因人而异的指导和帮助。

再次,掌握学习理论对学生的心理健康也有促进作用。在掌握学习过程中,英语教师对每个学生都持有积极的态度,相信每个学生都能够学好。教师对学生的学习能力充满信心,学生也因为教师的期望而获得自信,慢慢激发起学习的内部动机,学习逐渐获得成功。在整个学习过程中,学生对学习内容产生兴趣,享受到学习的快乐,获得学习的成就感和幸福感,学生的自我观念也获得更深层次发展。

最后,掌握学习理论也主张学生之间的相互合作学习以及师生的交流。在掌握学习中,教师与学生之间的交流与讨论增多,师生情感加深;学生之间互帮互助,培养了合作精神,改善了生生关系。

(二)建构主义学习理论

1. 建构主义知识观

在建构主义知识观中,主要观点认为,知识并非是对现实的一种客观的、单纯的、纯粹的反映，而是人们对客观现实的一种解释、假设、推测。知识不是关于问题的最终结论，它会随着人们认识的深入而出现新的解释或者假设。知识是基于某一具体情境而产生的，真正的知识是学习者根据自身的生活经验和实践经历主动在头脑中积极建构的。知识所含有的意义是由个体赋予的。知识在被个体接受之前，它对个体来说是毫无权威可言的，我们不能将知识作为一种既定的东西去传授给学生，也不能通过科学家、教科书、老师的权威去压制学生。对于学生而言，只有通过自己的思维去构建，才能让学生去接受知识。因而，知识具有以下显著的特点：针对性特点、个体性特点、情境性特点、动态性特点、相对性特点、发展性特点等。

2. 建构主义学生观

本书从以下几个方面阐述建构主义学生观的基本观点：(1) 学生是在不断发展中的人，具备非常大的潜能和可能性；(2) 学生们都是独一无二的，有着独一无二的思想；(3) 每一个学生都是独立自主的人，每一个学生都是独立于教师的头脑之外的个体，学习是学习者自己的事情，他们具备主体性，有着非常强的学习能力；(4) 学生深处于时代之中，当前处于信息时代和知识经济时代，因此，在进行教育的时候应该对学生的时代特征以及时代要求学生发展的新要求给予考量。学习者不是对信息进行被动地接受，而是利用自身所具备的知识和经验主动地对新的知识和信息进行意义上的建构，换句话说这种学习是主动的，学习者需要主动选择和加工外部的信息，在整个的教学过程中应该以学习者作为中心。

3. 建构主义学习观

在建构主义的学习观中，学生的学习并非是教师将一些知识对学生进行简单的传授，主要是学生自己所进行的知识的建构过程。学生对于信息的接受并非是简单的、被动的接受，而是进行主动的、在教师的帮助和指导下进行的知识构建。这种学生自觉的建构是没有办法让其他人来代替完成的，需要学生自己完成，整个的学习过程主要包含两个方面的建构：一是建构知识的意义，二是对原有的经验进行改组。皮亚杰认为，儿童的发展是儿童主动建构知识意义的过程。建构主义者更加关心学习者原有的认知结构，认为学习指的是学习者在自己原有的知识和经验的基础上，重新认识新接触的材料，将知识结构进行整合，并积极建构属于自己的独特理解。事实上，知识并不是别人"教会"的，就本质上来讲，是学习者自己对知识的理解,通过自己的大脑来构建自己的认知。

4. 建构主义教学观

建构主义在教学观方面,非常强调学习的社会性、主动性和情境性,与此同时,还非常强调学生的合作学习。建构主义强调的合作学习与维果斯基强调的社会交往在儿童发展中具有重要作用的思想具有一致性。教师在进行教学的过程中应该对学生原本的知识储备和经验进行关注,同时在进行教学的时候,还要重视学生对知识内容的个性化理解和独特思考。教学以学习者为中心,强调学习者的主体作用。在建构主义的观点中,认为教师是意义建构的促进者、帮助者,而不是知识的提供者和灌输者;学生是意义建构的主导者和信息加工的主体。

5. 建构主义教学模式

学生的学习是在教师的帮助和指导下进行的、以学生为中心的学习是构建主义学习理论所提倡和强调的。建构主义的学习模式可以总体概述为:在整个教学过程中,学生是主体和中心,教师在这个过程中主要承担着组织者、帮助者、指导者、促进者的角色,借助问题情境、会话、协作等学习环境要素将学生的积极性、主动性以及首创精神进行充分的发挥,学生最终实现对当前所学知识的意义建构的目的。建构主义学习环境主要包含四个要素,分别是情境、协作、会话和意义建构。

创设的情境必须有利于学习者对所学知识意义的建构。协作贯穿于学习活动的始终,包括师生之间、生生之间的相互合作和协助。对话是学习过程中的基本方式,教师与学生之间、学生与学生之间,都需要以对话的方式进行思想交流与沟通。学习所要达到的最终的目标是意义建构。作为教师应该为学生提供解决问题的方式和原型,帮助学生顺利地解决问题,不仅如此,教师还应该对学生进行指导,让学生进行试探性的探索。教师在为学生提供意义建构所需要的相关材料的时候,同时要给予学生自主建构的充分空间。在教学设计中,建构主义者主张向学生呈现整体性的学习任务,然而要想完成整体性学习任务首先需要完成一系列的子任务。

6. 翻转课堂视域下的建构主义学习理论的教育意义

首先,在教育理念上具有一致性:强调学生的主动性和建构性。建构主义者在吸收维果斯基、加涅、皮亚杰、布鲁纳等的思想基础上提出了许多富有创见的教学思想，如强调学习过程中学习者的主动性和建构性。

其次，强调小组合作学习和情境化学习的重要性。建构主义对于学习做了初级学习和高级学习的区分，批评传统教学中把初级学习的教学策略不合理地运用到高级学习中的做法；提出合作学习、情境教学等，对深化当前的教育教学改革具有深远的意义。

（三）维果斯基的最近发展区理论

除了掌握学习理论和建构主义学习理论外，最近发展区理论也是翻转课堂的重要理论基础。学生在家自主观看视频进行学习，并不是所有内容都能看懂，看不懂的记下来，教师在课堂上可以进行集中讲解，这种讲解在学生的最近发展区，能够有效地促进学生向着潜在的发展水平发展，从而减少课堂时间的浪费。

1. 学生的发展有两种水平

学生的发展可以分为两个层次：其一，是学生现有的发展水平；其二，是学生可能会达到的发展水平。在这两种水平之间产生的差距就是最近发展区。根据维果斯基的定义，我们可以得知最近发展区主要是指学生实际的发展水平与潜在的发展水平之间存在的差距。学生实际的发展水平主要取决于学生的独立解决问题的能力；潜在的发展水平主要是学生在教师的指导下或者是在家长的指导下或者是与能力很强的同伴进行合作时所表现出来的对问题进行处理的能力。最近发展区还向我们表明了学生在近期之内可能会达到的一个发展水平，蕴含着学生的发展潜力与潜能，并指出了学生的发展方向与发展趋势。

在维果斯基的观点中，在教学的过程中，教师应该对学生的最近发展区进行关注，这样可以将教学的积极作用发挥到极致。作为教师，在教学的过程中应该给学生提供一些具备一定难度的学习内容，使得学生的学习积极性和主动性得到激发和调动。对学生内在的潜能进行充分的发掘，促进学生不断对自己的最近发展区进行超越，从而到达一种更高的发展水平，以此为基础，进行下一个发展区的发展。

2. 最近发展区理论的基本含义

最近发展区理论的第一层基本含义是，对于发展来说，教学是一种积极的推动力量。在维果斯基的观点中，好的教学应当先于学生的发展。维果斯基的最近发展区理论可以引导学习者进行较高层次的学习，向更高层次进行发展，有效促进学生的发展，让学生能够"跳跳，摘桃子"。教学的目的是促使学生的最近发展区转化为学生的现有发展区，由"不能"变为"能"，由"可能"变为"现实"，即立足于学生现有发展水平并突破其限制，循序渐进地推动学生向更高层次发展，追求学生自身发展的最大可能性。

最近发展区理论的第二层基本含义是，学生是自身发展的主体，学生需要在社会交往中才能获得发展。学生是一个独立的社会存在，对自身发展起着主要作用，拥有自我发展的主动权。学生应勇于承担自己的发展责任。同时，在社会交往互动中，学生拥有与成人同样的平等地位，能够独立自主地表达自己的思想和情感。我们应该给予学生表达自我、展示自我的机会，鼓励其积极主动追求发展并为其提供平等对话的社会环境，二者形成合力，促进学生发展，主动的学生与积极的社会环境合作产生发展。

最近发展区理论的第三层基本含义是，揭示了教学促进学生发展的条件、途径与机制。首先，教学促进学生发展的条件是，教学必须走在学生发展的前面。教师要为学生提供较高层次的、较高难度的学习内容和学习指导。其次，要想教学促进学生发展得到真正的实现，需要的途径和机制是，教师通过在合作式的解决问题过程中帮助学生搭建最近发展区，为学生提供恰当的支持以帮助学生成功跨越最近发展区，使其潜在的发展能力转变为现实的真实具备的能力。简而言之，在英语教学中，教师应帮助学生不断地创造和超越最近发展区。因此，学生能否跨越最近发展区，往往取决于教师的帮助和支持是否恰当以及教师和学生之间的交流互动质量。

3. 在翻转课堂中的重要体现

之所以实施翻转课堂，主要目的在于让学生真正实现个性化的学习，对学生的潜力和创新能力进行深入挖掘。翻转课堂着眼于学生的个性化发展，非常强调以最近发展区理论为基础的新型因材施教观。最近发展区理论的侧重点在于学生的最近发展区，积极帮助学生跨越发展区走向更高水平的发展。不仅如此，翻转课堂相较于传统的课堂，非常注重和强调对于每个学生的现有发展水平的发展，以此为基础，立足于每个学生的实际发展情况，制定与之相适应的学习方案和学习计划。在翻转课堂中，对学生的问题意识进行重点的培养，使他们能够进行独立的学习，并能够发现问题、善于提问，体会和建立起"发现问题—分析问题—

解决问题"的整个思维过程,从而对他们的逻辑思维进行训练和提高,提高他们的思维品质。同时,翻转课堂还特别注重提升学生的社会交往能力和培养学生的自我表达能力。换句话说,在翻转课堂中,最近发展区理论所强调的一些教育观念和教育思想得到了很好的体现。

(四)皮亚杰的相互作用理论

在皮亚杰的相互作用理论中,提出了以下观点,即先天的平衡过程是发展的最高原则。在平衡的过程中可以保持"同化"和"顺应"之间的相对平衡,让发展具备连续性,保证让成熟因素与经验实现与社会影响的有机结合,是个体按照既定的步调与次序,向更高层次的均衡性发展。

同化原本是一个生物学概念,指生物体把从外界环境中获取的营养物质转变成自身的组成物质,并且储存能量的变化过程,皮亚杰把这一名词借鉴到心理学中,用于描述"把外界元素整合到一个正在形成或已经形成的结构中"。所谓顺应,主要指的是"同化性的图式或结构受到它所同化的元素的影响而发生的改变",也就是说为了适应客观的变化改变主体的动作,我们也可以这样认为,主体改变自身的认知结构以对新的信息进行处理。顺应伴随着同化。当个体无法利用已有的图式来同化新的信息时,个体为了适应环境,就必须对已有的图式进行调整和重构,这个过程被称为顺应。

在本质上,"同化"指个体对环境的作用,"顺应"指环境对个体的作用。"同化"主要是指图式扩充,是对认知结构和数量的扩充;"顺应"主要是指图式改变,主要是改变认知结构性质。认知的个体实现与周围环境的平衡主要是通过这两种形式——"同化"与"顺应"来达到的:对于新信息,认知个体用现有图式去进行"同化"时,认知个体的认知状态就处于一种平衡;对于新信息,认知个体不能用现有图式去进行"同化"时,认知个体的认知状态就会被打破,对于新图式的修改和创造过程即顺应过程,就是个体在寻找新的平衡的过程。在"同化"和"顺应"的过程中,个体的认知结构逐渐形成,逐渐建构,这也是皮亚杰建构主义认识论的一个最基本的观点和思想。

皮亚杰的相互作用理论是翻转课堂的根基,以学生已有的知识水平(即已有的认知结构)为教学前提,通过向学生提供合适的新的学习材料(例如导学案和微课),使学生体验到一种平衡或者不平衡的学习状态;学生为了学习新知识需要改变自己已有的认知结构（即需要"同化"和"顺应"），尽力达到学习目标（即获得认知结构上的平衡）。

二、翻转课堂在大学英语教学上的意义和要求

（一）大学英语翻转课堂教学的意义

翻转课堂教学为大学英语教学提供了新的平台，从本质上体现了英语教学改革的深化，帮助英语教学突破困境，为学生的英语学习提供便利。下面就具体分析大学英语翻转课堂教学的意义。

1. 让教学更加直观和简单

在传统的大学英语教学中，教师的教学内容以课本为主，呈现方式也是以板书为主，这种教学方式对于学生来说不仅不够直观，还不利于理解相关知识。如果仅限于传统的课堂教学模式，根本无法有效培养学生的英语运用能力。翻转课堂通过借助多媒体技术，将相关的图片、音乐、视频等融入教学视频，使得原本晦涩难懂的英语知识变得直观和简单，也使得原本沉闷的课堂教学变得生动活泼。

2. 让教学更具多样性和趣味性

用于翻转课堂的教学视频的制作对教师的专业能力有着很高的要求，要求教师所制作的视频内容简洁、形式多样、幽默丰富等。基于这些要求和特点，翻转课堂有效增添了大学英语教学的趣味性，不仅能创造良好的学习环境，还能有效激发学生的学习兴趣。此外，很多的翻转课堂教学视频涉及的内容十分广泛，包括英语音乐、英文电影、英语小说等，这些内容与课程教学息息相关，使得教学形式生动形象，更加多样化。

3. 提升学生的主动意识

在翻转课堂教学中，师生之间的互动频繁，学生的主观能动性被充分调动，学生掌握着学习的主动权。基于翻转课堂教学模式，学生可以根据教师提供的资源先进行自主学习，还可以在课堂上与教师展开学习方面的探讨，进一步深化与掌握知识内容，这有效体现了学生的主体地位，而且淡化了对教师的依赖性。

4. 加深学生之间的互动

翻转课堂改变了传统教学模式中师生之间的相处方式，翻转课堂中，教师与

学生之间形成了一对一的交流。如果学生对某一知识点存在疑问，那么教师可以将这些学生集中起来，对他们进行特别指导。另外，在翻转课堂中，教师不再是学生知识的唯一来源，学生与学生之间还可以进行互动学习。

5. 使学生反复学习

在传统的大学英语教学中，教师不可能兼顾所有学生的需求和感受，只能按照教学大纲要求和步骤统一进行授课，这就会使部分学生跟不上教师的节奏，无法有效掌握课堂教学内容。而翻转课堂教学可以有效解决这一问题，在翻转课堂中，学生可以随时暂停、重放视频，直到自己看懂、理解为止。

（二）大学英语翻转课堂教学的要求和挑战

1. 学校作息时间安排问题

英语翻转课堂是一种要求学生在课外投入更多时间进行自主学习的新模式，这就要求学校对其课时安排上作出相应的调整，给予翻转课堂一定的支持。教师在翻转课堂中，不应该占用学生太多的时间，应该留出足够的时间让学生进行自主的学习。不仅如此，教师还应该对学生的作业量进行控制，给学生留的课后学习任务应该主要是让学生对教学视频进行观看并进行有针对性的练习。

2. 学科的适用性问题

一般来说，在国外，主要是理科类课程开展翻转课堂的教学实验活动。主要原因在于，理科类的课程有着非常鲜明的知识点，很多的教学内容只需要对一个概念，或者公式，或者例题，或者实验进行清楚的简述即可，理科类课程所具备的学科特点非常适合实施翻转课堂。对于如英语、语文、历史等文科类课程来说，一般涉及的学科内容比较多，这就需要教师和学生进行情感和思想上的交流与沟通，只有这样才能具备良好的学习效果。将翻转课堂应用到英语教学中是对当前英语教师的一个重大的挑战，需要教师不断提高教学视频的质量和水平，让学生通过教学视频进行深入思考，激发学生的深层思维。英语教师可以借助教学视频对英语课程中所讲述的基本知识点进行概括，对相关的理论进行阐述，并且鼓励学生在课后进行资料的查阅和问题的思考，之后将资料和问题带入到课堂中与学生和教师进行深入探讨，以加深对这门课程的理解和掌握。

由此可见，不同学科的教师应该根据本学科的特点有针对性地采取措施完成翻转式教学，并且结合学生的反馈，对教学改革进行推进和深入开展。

3. 教学过程中信息技术的支持

实施英语的翻转课堂需要信息技术的支持。不管是教师制作教学视频，还是学生观看教学视频，甚至是构建协作化和个性化的学习环境都离不开多媒体技术的支持。

目前，我国很多学校都无法进行网上教学，其中一个主要原因就是由于网络宽带的限制。在进行翻转课堂教学的时候，学校要采用多种方式来解决这一问题，比如：可以在学校配置高性能服务器，也可以加大网络宽带的接入量，甚至一些有条件的学校实现校园无死角覆盖 Wi-Fi 等。在课后，学生需要通过网络和电脑进行学习，学校应该为那些硬件条件不够好的学生提供相关的设备，比如：在课余时间学校机房对学生开放，在校园内学生可以随时进行网络学习。

对于学生的课后学习效果来说，教学视频的制作质量对其有着重要的影响。不管是教学视频前期的拍摄还是教学视频后期的制作，都需要专业人士在技术上提供相应的支持。不仅如此，不同学科的教学视频也具备不同的风格和特点。实施翻转课堂的学校应该在技术上为教师提供技术支持，并且从视频的设计到制作再到发布要形成流程，为后续教学视频的制作提供经验。

4. 对教师专业能力的挑战

在翻转课堂的实施中，以下因素都会对学生的学习效果有着重要的影响：一是教学视频录制的质量；二是学生在进行交流、讨论、合作、学习上的指导；三是设计的课前学习任务；四是安排的学习时间；五是设计和组织课堂活动。鉴于此，在进行翻转课堂的实施过程中，应该对教师的培训特别重视和强化。第一，应该提高教师的教学理论水平，使得教师转变陈旧的教育观念，教师的教育专业研究能力不断得到有效的提高，在整个教学过程中不断贯彻以学生为中心的教育理念，对学生因材施教，了解和关注学生的个体差异，并在此基础上进行有针对性的、个性化的指导。第二，在信息技术素养方面加强对教师的培训，让老师可以在视频录制技术人员的指导下，为学生呈现出感情更加丰富、图像活泼生动的教学视频，而不是进行死板、单调的讲授。在网络教学平台中，教师应该积极引导学生进行交流与沟通，根据问题，进行项目的探究式学习，通过这样的形式充分调动学生的积极性与主动性、探究性。教师也应该根据本学科的特点来对课堂活动进行设计与组织。

三、大学英语翻转课堂教学的构建

翻转课堂作为一种颠覆传统课堂的教学模式，其教学设计过程当然不同于传统教学设计过程。目前国内外出现了各种各样的翻转课堂教学，它们都建立在课程资源、教学活动、教学评价和支撑环境这些要素的基础之上，因而翻转课堂教学的设计亦以此为依据。

（一）设计英语教学过程

美国创新学习研究所（Innovative Learning Institute，ILI）提出了翻转课堂设计流程。ILI认为，翻转课堂的设计过程主要包括确定学生课外学习目标、选择翻转内容、选择传递方式、准备教学资源、确定课内学习目标、选择评价方式、设计教学活动、辅导学生八个主要环节。

1. 确定学生课外学习目标

英语文化教学中翻转课堂教学过程的设计首先要确定学生的学习目标。翻转课堂使得课内教学和课外教学发生了颠倒，学生总共需要完成两次知识内化过程，第一次知识内化是在课外自主学习新知识，第二次知识内化是在课内完成的。显然，课内和课外对学生的要求是不同的，学生需要在课内外实现不同的学习目标。

2. 选择翻转内容

当确定了翻转课堂的课外学习目标后，就要结合学生本身的认知规律和特点去选择课外自主学习的合适内容。课外学习目标主要是低阶思维的目标。

3. 选择内容传递方式

选择内容传递方式是指确定学生的自主学习内容通过什么媒体工具表现出来。教师要结合特有的接收设备情况、学习者的地理位置、学习内容的形式和资源大小等因素，选择学生能够开展个性化学习、传递内容形式丰富、传递速度快、获取方便的内容传递方式。

4. 准备教学资源

在确定了学习内容及其传递方式后，就可以收集相关的网络学习资源供学生学习，或者开始制作、开发新的相应的学习资源。在该环节中需注意，无论是利用已有的学习资源还是自己开发新的学习资源，均需与先前确定的学习内容保持一致，并且资源的形式、大小等要求也需和传递工具相匹配。

5. 确定学生课内学习目标

第一环节确定的是课外学习目标，是针对低阶思维技能的学习目标；本环节确定的是课内学习目标，是针对分析、评估和创造等高阶思维技能的目标。因为在课外学生能参与的更多是培养其识记、理解和应用等的学习内容，而在课内学生是通过与同伴和教师面对面地交流、讨论和开展协作探究等活动。所以，这一环节的学习目标与第一环节的学习目标有所不同。

6. 选择评价方式

在教学正式进行前，教学中的主体者和主导者，即学生和教师都要对课堂教学活动提前做好充分的准备。对于教师而言，选择一种合适的评价方式非常重要。低风险的评价方式应该是教师的理想选择，它是指不对学生的评价结果进行分数、等级的评比，而仅作为发现学生学习问题的一种教学评测方式。通过低风险的评价方式，教师可以发现学生学习真正的难点，以便教师和学生调整教学计划和学习计划。低风险的评价方式有很多，其中一种就是常用的课前小测验，这些小测验的题目量并不多，一般只有3—4个问题，针对的内容是学生在课外自主学习的内容，其不仅仅是检测学生在课前学习的事实性知识，更重要的是为学生提供一个综合应用所学知识的机会。通过课前小测验，教师能及时地把测验中出现的问题反馈给学生，学生也可以向教师提出自身遇到的问题，并通过与教师交流促进问题的解决。

7. 设计教学活动

如前所述，课外的学习内容和活动主要帮助学生解决识记、理解类的问题，在课内则是帮助学生解决学习难点，并充分应用所学知识，学习更深层次的内容。当通过课前评价了解到学生真正的学习难点后，教师需针对性地设计具有导向性的课堂教学活动，以便更好地培养其分析、评估和创造等高阶能力，可采用如基于项目的学习，基于问题的学习、协作探究学习等形式。

8. 辅导学生

教师作为教学的主导者，在各种形式的教学活动中都要充分发挥自身的主导作用，只有这样才能取得良好的教学效果。具体而言，在学生进行教学活动时，教师需提供相应的脚手架，为学生更好地开展活动提供必要的支持。另外，在必要的时候，教师还应该为某些理解学习内容和活动有困难的学生提供个性化的辅导。在整个学习活动中，教师需对提出疑问的学生给予及时的反馈，在学生汇报学习成果或学习结束后，教师要进行统一的总结反馈，以促进学生进行知识的内化和升华。

（二）开发英语教学资源

1. 支持信息化教学资源

从广义的角度上来说，教育资源是指在教育学过程中所用到的设备、人员、材料、设施、预算以及包含可以帮助个体进行有效学习和顺利操作的任何东西。但是伴随着信息技术的不断发展，信息化教学资源的概念应运而生，主要指的是在以网络和计算机为主的信息技术环境下，为了实现教学目标的各种资源，包括教育人力资源、教育环境资源、教育信息资源在内的专门为教育目标服务设计的，或者是能为教育目标服务的各种资源。

伴随着信息化资源的发展与教育应用，翻转课堂教学理念才得以提出。从上述翻转课堂的完整过程可知，支持翻转课堂需要用到的信息化教学资源主要包括教学视频、进阶练习、学习任务单、知识地图和学习管理系统五大类。

翻转课堂教学的实施，不仅需要上述教学资源作为主要资源，还需要借助一定的教学辅助工具软件，该类教学资源几乎贯穿于翻转课堂的全过程，其作用主要是帮助教师进行教学视频的制作、师生间开展交流协作、学生学习成果的展示等。按照作用于翻转课堂教学开展过程中的不同方面，可以将教学辅助工具分为视频制作工具、交流讨论工具、成果展示工具和协作探究工具四类。

2. 遵循资源选择的基本原则

翻转课堂的资源包括教学视频、进阶练习、学习任务单、知识地图、学习管理系统和各类教学辅助工具等。每一类资源都不是完美的，不存在放之四海而皆准的资源。每类资源都各具特点，并且每类资源可供选择的具体资源种类、载体类型众多，因此教师应根据教学实际需要选择合适的翻转课堂的教学资源。一般而言，翻转课堂教学资源的选择需遵循最优选择原则、具有较强兼容性、多种媒体组合。

最优选择原则是指教师根据教学内容和教学目标的要求，选择存储和传递相应教学信息并能直接介入教学活动过程中的载体，就是选择教学资源。

具有较强兼容性是指当众多便携式的移动智能终端在大学英语教学中广泛应

用以后,大学英语教学不仅变得更加高效,还发生了一场变革。在这种情形下,翻转课堂理念变得普及起来,翻转课堂的应用也得以在大范围内开展。翻转课堂实施的普遍现象是,学生利用各类移动设备,如平板电脑、智能手机等进行课外自主学习,课内教师利用移动终端设备进行授课。因此,资源载体的改变,迫使资源的形式也作出相应的改变,要求其必须兼容各类学习终端设备,在各类终端设备中都能流畅运行。

多种媒体组合是指翻转课堂教学真正做到了以学习者为中心,这对后期的教学资源的选择有一定的指导作用。在选择教学资源时,教师应该考虑学生的兴趣、生活现实,尽可能选择丰富的教学资源形式,即有机结合文字、图片、声音、视频、动画等多种媒体形式。

(三)设计英语教学活动

根据前面所述的翻转课堂的完整过程,翻转课堂教学活动设计包括课外活动设计和课内活动设计两个部分。

1. 设计课外学习活动

翻转课堂的课外学习活动一般属于线上活动,主要包括以下三类。

(1)在线学习。在课外,学生通过阅读相关的电子书籍、资料或观看教师提前准备好的讲授视频,掌握并理解课程中重要的信息。在线学习主要有阅读电子教材和观看教学视频两种形式。

有时为了加深学生对信息的理解,在线学习的材料还附加一些引导性问题、反思性问题、注释、小测验等,用于辅助学生进行自主学习。

(2)交流讨论。通过在学习管理系统中开辟一个专门的讨论区,或借助专门的在线交流工具,教师和学生以课外学习内容为主题展开交流和讨论。讨论主题既可以是教师预设的,也可以由学生创设。这样,一种师生在线辅导和生生自组织学习的学习模式就形成了。借助这种学习模式,学生掌握学习内容的速度较快,并且掌握的层次较深,从而为课内的学习活动做好准备。

(3)在线测评。在学生完成了新知识学习的任务后,可以进行在线测评。在线测评一般采用低风险、形成性的评价方式,不仅检验了学生的学习成果,还提供一个学生反馈问题的机会。通过在线测评,教师和学生在课内教学活动开展前针对问题提前做好准备。

2. 设计课内学习活动

根据翻转课堂的特点，影响翻转课堂教学效果的最大因素是如何通过课堂活动设计完成知识内化的过程。在设计课堂活动时，关键要看情境、协作、会话等要素是否有利于学生主体性的发挥，从而促进学生达到高阶思维能力的目标。课内学习活动一般可以分为个体学习活动和小组学习活动。

第三节 大学英语课堂混合式教学的应用

一、混合式教学的内涵

大数据技术在教育领域广泛应用的大环境下，"教师主导+学生主体"的教学模式在许多院校盛行。在如今以智能手机、平板电脑、网络为时代印记的新技术条件下，教学模式不仅要求灵活运用以教为主的教学策略和以学为主的学习方式，同时需要整合各种教学资源，要求教师进行相应的角色转变。

以建构主义、情感过滤假设理论为基础，结合教学实际，从语言知识、语言技能、情感态度、文化意识、学习策略五个维度综合考虑构建了适用于高校的移动平台翻转课堂授课、线上交互式数字课程学习、线下模拟场景实践、过程性与终结性评价结合的四位一体混合式教学模式，并制订了基于网络交互式教学平台的混合式大学英语教学模式图（图4-3-1）。

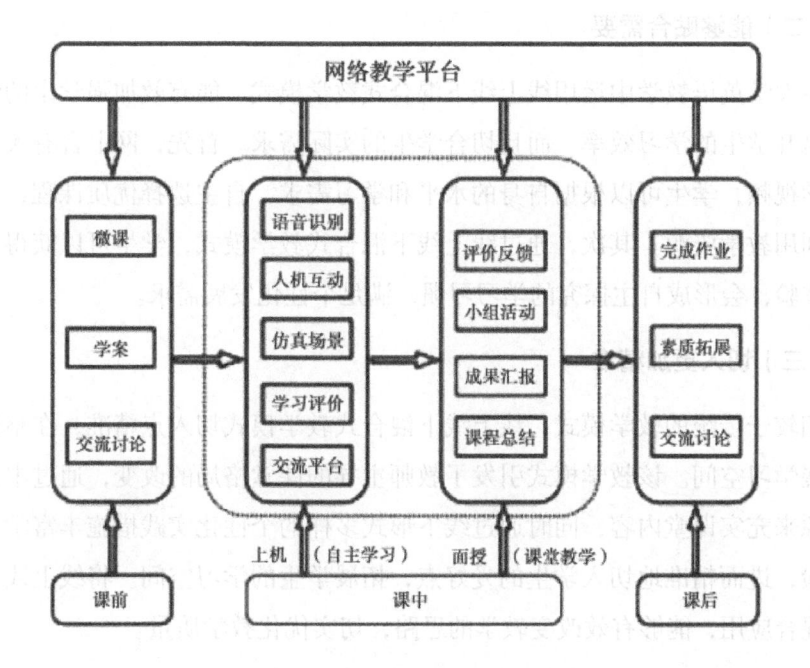

```
                    ┌─────────────────┐
                    │   网络教学平台   │
                    └─────────────────┘
         ┌────────┬──────┴──────┬────────┐
         ▼        ▼             ▼        ▼
      ┌─────┐ ┌──────┐      ┌──────┐ ┌──────┐
      │ 微课 │ │语音识别│      │评价反馈│ │完成作业│
      ├─────┤ ├──────┤      ├──────┤ ├──────┤
      │ 学案 │ │人机互动│      │小组活动│ │素质拓展│
      ├─────┤ ├──────┤  →   ├──────┤ ├──────┤
      │     │ │仿真场景│      │成果汇报│ │      │
      │交流讨论│├──────┤      ├──────┤ │交流讨论│
      │     │ │学习评价│      │课程总结│ │      │
      └─────┘ ├──────┤      └──────┘ └──────┘
              │交流平台│
              └──────┘
        ▲     上机（自主学习） 面授（课堂教学）    ▲
      ┌─────┐       ┌─────────────────┐      ┌─────┐
      │ 课前 │       │      课中       │      │ 课后 │
      └─────┘       └─────────────────┘      └─────┘
```

图 4-3-1　混合式大学英语教学模式

从图 4-3-1 中，我们可以看到，在这个教学的过程中，教师在教学环节中不再是过去的讲授者或灌输者，而转变为一个帮助者和支持者，教师在课前和课后的准备工作及评价工作中的功能远大于过去，而学生在课前、课中、课后均为学习的主体，这与过去的"教师讲、学生听"教学模式有了很大的不同。

二、大学英语线上线下混合式教学的意义

（一）更加方便灵活

信息科技与互联网的发展及其所带来的便利，使得英语教学视频可以在网上广泛传播，多样化的视频教学形式，如专题讲解、碎片化学习、视、听、说一体的视频教学等教学形式开始出现，使得英语教学的灵活性大大提高。首先，学生可以通过网络方便快捷地获取多元化的教学资源，不受时间和空间的限制而进行碎片化的学习。其次，教师可以借助网络资源提升自身的专业素质和水平，从而开展形式灵活、多样化的优质教学，提高英语课堂教学效果。

（二）能够贴合需要

在大学英语教学中运用线上线下混合式教学模式，能有效加强学生的学习体验，提升学生的学习效率，而且切合学生的实际需求。首先，网上含有大量的英语教学视频，学生可以根据自身的水平和学习需求，自主选择优质课程，有针对性地利用教学资源。其次，通过线上线下混合式教学模式，学生可以获得丰富的学习体验，会形成自主探究的学习习惯，满足个性化发展需求。

（三）切入更加精准

相较于传统的教学模式，线上线下混合式教学模式切入点精准，在整体上能够扩展学习空间。该教学模式引发了教师主导的课堂格局的改变，通过丰富的线上资源来充实课堂内容，同时通过线下形式多样的个性化实践措施丰富学生的学习体验，进而精准地切入学生的爱好点，拓展学生的学习空间。将线上线下两种模式混合应用，能够有效改变教学的思路，切实优化教学质量。

三、大学英语混合式教学的步骤

混合式教学模式在英语文化教学中的应用大致分为以下三个阶段。

（一）课前阶段

在基于线上线下混合式教学模式的英语教学中，教师在授课之前要针对具体的教学内容和学生的学习情况选择切合的课程资源，并且结合实际情况设计能够培养学生自主学习能力的学习任务，以充分利用教材和网络课程资源。例如，"朗文交互学习平台""新理念外语网络教学平台"等都是可实现师生交互的移动网络平台，通过这些平台，教师可以将教材中所涉及的学习计划、学习目标、学习重点、学习难点、学习主题等相应的预习内容和学习任务等及时发到学生手中，学生可以根据任务的要求通过不同的方式，如个人独立思考、小组讨论等，有效地获取知识背景，高效地完成预习任务，在这一过程中，自主学习能力也会相应地提高。这一阶段，教师可以利用自主式的学习平台，充分实现师生之间的互动，为学生提供有效的在线咨询，为学生答疑解惑，向学生提供有针对性的辅导和帮助，进而切实培养学生的自主探究精神和自主学习能力。

（二）课堂阶段

课堂上的面授就是指线下。在这个阶段，主要是借助自主学习平台与课堂的教学平台的相互融合对学生进行有针对性的多媒体辅助教学。第一，根据学生在课前的预习情况，教师应该进行了解和分析，指出其中的重点问题。第二，在课堂上利用多媒体手段设置丰富的情景，进行情景化教学，并通过提问来激发学生的主动思考，从而提高他们的探索意识。第三，立足于教学的实际情况以及单元主题，教师应该对相应的学习任务进行设计，并且学生应该进行积极的讨论，借助角色扮演、情景对话等新颖的方式，调动起学生的积极性和主动性，促使学生主动参与课堂教学活动。第四，教师应该积极鼓励学生在课程学习之后进行反思和总结，可以通过自评或者互评来查漏补缺，对学习内容进行总结，如此不但可以激发学生的积极性，激发学生的学习动机以及培养学生的自主探究精神，实现对所学知识的巩固，并且可以在此过程中不断培养学生的合作与互助意识，提高他们的英语运用能力。

（三）课后阶段

在课后阶段，教师可以通过线上线下混合教学模式进一步补充相应的学习材料，有效拓宽学生的视野，加深学生对所学知识的理解和掌握程度。在课后，学生也可以利用网络平台寻找相应的复习资料，进一步加深学习效果，增加练习的实践，扩大知识范围，更好地完成相应的学习任务。课后巩固延伸了课堂教学的空间，能够显著培养学生的自主学习能力，也能够为学生养成良好的终身学习习惯打好基础。

四、大学英语混合式教学的构建策略

（一）带疑探究—讲授示范—动手操作型

（1）教师要根据课程教学的目标来找到一个或几个富有探索性的问题，然后将问题在适当的时机以适当的方式向学生提出，并引导学生利用已有的信息技术找寻解决问题的方法。

（2）教师利用分解法，将问题由一分多，细致讲解每一个小问题，并进行必要的问题解决示范。

（3）学生通过教师的讲解与示范开始尝试解决问题，在这一过程中如果遇到新的问题便开始思考及向教师提出问题，得到解答后再进行操作，直到问题得到解决，最终掌握知识和技能。

（4）教师评价学生的学习表现，学生之间也要进行互评。

（二）任务驱动—协作学习型

（1）教师以教学内容中的重点和难点为依据，灵活设计信息技术的教学任务和目标。对于任务的设计要遵循由易到难、由简到繁、由外到内的原则。

（2）教师给学生布置教学任务，然后让学生自由选择自己的合作伙伴来共同协作开展研究。学生在研究学习的过程中对所获得的一切信息和资料都要注重和同伴分享，一起讨论，一起研究。

（3）教师对学生的学习活动进行总结性评价。考察的重点在于学生对信息技术的应用能力。

（三）自主—监控型模式

自主—监控型模式的教学地点是在建立了网络的教室里。具体学习模式为，学生将教师提供的教学资源利用起来进行学习，教师则观察学生的学习过程。为了给学生创造良好的自由氛围，教师可在教室外通过监控观察。当教师发现学生在某环节中遇到问题，则应适当提供帮助。在自主—监控型模式中，学生可根据需要使用网络资源。自主—监控型模式的实施程序如下。

（1）教师根据教学目标对教材予以分析，然后以教师认为的最理想的方式向学生呈现教学内容。

（2）学生在接受了学习任务后，需利用相关资料或信息进行独立学习或协作学习。在此过程中，教师的任务是观察、监督，并在必要的时候提供适当的指导。

（3）教师对学生的学习活动进行总结性评价，总结评价具体到个人。

（四）群体—讲授型模式

群体—讲授型模式是面向多数人（通常为一个班）进行教学的模式。在这种模式下应用的信息技术只是作为一种教学手段出现。该模式的特点主要如下。

（1）集文字、图片、声音、图像等多媒体展现教学内容于一体，让学生对课堂教学活动有更为直观的认识和理解，而不再是过往的那种过于抽象的感觉。

（2）使用便捷、简单、易操作，能够将教学内容快速、及时地呈现出来，这无疑可以大大提高教学的效率。

（3）过往教学中那种宏观微观以及时间、空间等因素都不再是限制，如此更加方便教师对教学重难点的把控与教学。

群体—讲授型模式的实施步骤如下。

（1）教师在备课阶段就要全面掌握教学内容，并对教学中需要的图片、视频等资料细致选择，对需要演示的课件设计得当。

（2）教师努力创设教学情境，将教学信息展示给学生，引导学生思考。

（3）教师对教学活动做总结性评价。

第五章 信息化背景下大学英语知识技能教学改革

在信息化背景下,大学英语的各项知识技能也要进行改革,本章就针对这个问题,对大学英语基础知识教学、大学英语听说技能教学、大学英语读写技能教学、大学英语翻译技能改革进行具体介绍。

第一节 大学英语基础知识教学

一、词汇教学

作为语言整体构成的重要成分——词汇,也是语言系统中重要的支柱,"如果把语言结构比作语言的骨架,那么是词汇为语言提供了重要的器官和血肉"。[1] 威尔金斯是英国著名语言学家,他指出:"没有语法很多东西无法传递,没有词汇任何东西无法传递。"[2] 由此可见,英语学习的关键在词汇学习。但现在大学英语词汇教学的现状并不佳,学生对词汇的掌握和运用情况并不理想,所以随着大学英语教学改革的推进,也必须对大学英语词汇教学进行新的改革。

(一)大学英语词汇教学的内容

词汇是学生在学习英语时非常难突破的一个环节。英语词汇数量巨大,而且十分活跃,其读音和拼写与母语文字差异较大,一词多义的现象更是十分普遍,这就给学生带来了很大困难。所以,教师指导学生学习、掌握英语单词,加强对学过单词的巩固和运用是英语教学的重要内容。

具体来讲,英语词汇教学的内容常根据词汇本身所涉及的内容而定。哈默指

---
[1] Harmer, J.The Practice of English Language Teaching[M].London:Longman,1990.
[2] Wilkins, David A.Linguistics in Language Teaching[M].Cambridge:MITPress,1972.

出，认识一个单词意味着对其意义、用法、相关信息、语法的了解和掌握。所以，英语词汇教学的内容基本包含三个方面。

1. 词汇的意义

词汇的意义是英语词汇教学中教师首先要让学生掌握的内容。但因汉语与英语之间的差异，一些的词汇的内涵与外延在两种语言中也不尽相同。词汇意义的理解与语境有着密切关系，语境不同，词汇的含义也会有所差异。所以，教师应采用不同的教学方式让学生了解不同语境下词汇的不同含义，从而让学生有效掌握词汇。例如：

a treacherous friend 背信弃义的朋友

a treacherous stone 石头不稳

a sharp push 猛地一推

a sharp knife 锋利的小刀

work on a novel 写小说

work on the house 建（修/粉刷）房子

work on a branch of a tree 削树枝

由上述例子可以看出，同一词汇在不同的语境中会有不同的含义。因此，在英语词汇教学中教师应有意识地引导学生，使学生了解和掌握词汇在不同语境下的不同含义。

2. 词汇的用法

词汇的用法也是大学英语词汇教学的重要内容。词汇的用法包括词汇的搭配、短语、习语、风格、语域等。例如，我们通常都会用 hot 形容热，这是在书面语中的用法，但在口语中就会有不一样的意思，如我们说"That is a hot guy"，在这里 hot 是形容一个人身材或是长相很吸引人。

其中，词汇搭配在英语学习中十分重要，因此也是大学英语词汇教学的重要内容。在具体的语境中，一个词往往要求和某些特定的词汇搭配。例如，allow, permit, consider, suggest 等这类动词后不能接不定式，只能接动名词。此外，有些词组是固定搭配，不能混用。例如，out of question 的意思是"没问题"，out of the question 的意思是"不可能",二者结构相似,意义却大相径庭。

3.词汇的语法特点

词汇的语法特点又称"词法",主要包括名词的可数与不可数、动词的及物与不及物、及物动词的句法结构等,它们也是英语词汇课堂教学的重要内容。具体来讲,词汇的语法就是要解决诸如动词接什么样的宾语,是接不定式还是动名词,是从句还是复合宾语,如何安排副词短语的位置等问题。

(二)大学英语词汇教学的现状

1.教师的问题

(1)教学方法单一,脱离英语语境。词汇的掌握对英语语言学习的重要性是不言而喻的,但词汇的记忆和掌握的过程又是枯燥和困难的,这就需要教师来缓解这种枯燥,需要教师创新教学方法来创设教学情境,营造教学氛围,激发学生学习的积极性和动力。但是就目前大学英语词汇教学的现状来看,教师并没有将心思花在教学方法的创新上,而是依然采用陈旧的教学方式,即教师领读单词,讲解词汇用法,学生记忆单词。基于这种课堂教学模式,学生的主体地位被忽视,学生只能被动地学习和记忆,积极性根本无法调动起来,甚至还会产生抵触情绪。此外,教师在教学中对词汇的整体性认识不足,没能将词汇放到具体的句子或情境中,最终导致学生对一词多义理解不深,限制了学生综合能力的提升。

(2)教学效果不佳。词汇的学习和掌握要借助记忆来完成,但记忆是一个漫长的过程,如果学生不能在课后及时进行复习和巩固,记住的单词往往会在短时间内忘记。在海量的词汇面前,学生常常会表现出畏惧感,由于缺乏高效的学习方式以及良好的教学方法方式,学生的学习热情不高。同时教师未能为学生提供应用的机会,这样学生通过死记硬背方式记住的词汇很快就会忘记,进而导致教学效果低下,学生的交际能力也受到限制。

(3)忽视跨文化意识培养。很多英语词语意义深刻,蕴含着丰富的文化信息,这些词语称为"文化负载词"。经调查显示,很多学生对这些文化负载词完全不了解。而这种情况在很大程度上体现了教师在词汇教学中忽视了文化负载词部分,未有意识地运用跨文化意识来培养学生的词汇能力。具体而言,教师存在的问题体现在以下几个方面。

首先,对文化教学不够重视。这具体体现为以下几点:教师在备课环节的教学目标没有文化意识目标；教师消极地跟随应试教育的脚步；学校很少组织与英语相关的活动。

其次，教师自身的文化素养不够。大学英语教师虽然具备了扎实的英语专业知识，但英语文化素养有所欠缺。作为学生的榜样，如果教师的文化素养不高，自然无法提高学生的文化素养。

最后，文化教学方法不当。教师文化教学的方法比较单一，基本上是讲授法、多媒体展示法等，大部分教师只是在课堂教学中偶尔提到一些特殊词的文化背景，而很少有意识地渗透文化知识。这种教学方式就造成学生只了解词汇的表面意义，而不理解词汇的深层文化内涵。

事实上，跨文化意识和词汇教学是相辅相成的，教师在词汇教学中融入文化知识，能够提升学生的词汇能力和跨文化意识，而词汇量的增加又能进一步帮助学生更好地理解西方文化，培养自身的跨文化意识。

2. 学生的问题

（1）重知识记忆，轻思维锻炼。在词汇学习过程中，很多学生仅仅依靠死记硬背来记忆单词，这种方法并未将思维的锻炼融入进去，学生也会很快忘记单词。实际上，每一个单词都有应用的语境，只有在具体的语境中，才能保证准确性，因此学生在对词汇加以理解时需要从具体的语境出发，这样才能实现词汇学习的效果。

而忽视英语思维的培养是在长期的汉语语境熏陶下产生的惯性思维，很多学生都习惯运用汉语的语言逻辑去理解、解释和使用英语，由于英语和汉语二者背后的文化与逻辑存在差异和冲突，因此必然会影响学生对英语的有效运用。实际上，无论是英语还是其他语言，只有深入了解语言的内在逻辑，才能做到自如运用。英语思维的培养不是仅仅靠记忆单词或背诵句子就能做到的，还需要学生充分理解英语语言背后的文化历史，只有这样才能掌握英语这门语言。

（2）语义内涵的理解程度差。我国学生是在汉语环境下学习英语的，所以在理解英语词汇的语义内涵时，会不同程度地受到汉语文化的影响，而英汉词汇之间的语义不对应等现象会对学生的词汇理解带来困难。具体而言，一方面，学生在本民族文化传统的影响下会形成思维定式，在理解英语词汇时会出现文化语义的偏差；另一方面，中西文化观念冲突会让学生思维混乱，对英语感到束手无策。如果教师忽视词汇文化背景知识的输入，学生在理解英语词汇时就会出现偏差，甚至会在使用中产生误用问题。

（3）缺乏探究意识。一般来说，在大学阶段，学生应该主动地学习词汇，但是在实际的英语词汇学习中，很多学生仍旧只从教师那里获取，不寻找其他的获取渠道，这样的学习就是被动的学习，长此以往，词汇掌握的量也是不充分的。同时，学生不会去主动探究词汇，无法得知词汇文化的背景知识，这样的词汇学习会让学生逐渐缺乏兴趣和积极性。

（三）大学英语词汇教学的原则

1. 词汇运用

学习词汇并非单纯为了记忆词汇，而是为了在交际过程中有效运用词汇，因此在大数据驱动下的大学英语词汇教学中，教师应遵循词汇运用原则。这一原则是指教学中教师不仅要讲授词汇知识，还要引导学生对词汇加以运用。具体而言，教师在教学中要设计符合学生学习特点的教学活动，让学生积极参与教学互动，进而锻炼词汇运用能力。

2. 与时俱进

在科技迅速发展的大数据时代，大学生们有着开放的思想、新潮的想法，无论是学习还是生活，都与信息异常密切。对此，大学英语词汇教学应顺应社会的发展趋势和学生的需求，与时俱进，具有新潮性。教师除了教授教材中的词语，还可以适时传授一些热门新词，如 selfie（自拍）、bestie（闺蜜）等，这样学生就会切实感受到语言的鲜活性和发展性，学习词汇的积极性也会随之提高。

3. 循序渐进

任何教学都应循序渐进地进行，也就是遵循循序渐进原则，大数据驱动下的大学英语词汇教学也不例外。具体而言，在大学英语词汇教学中遵循这一原则是指教学中在数量和质量平衡的基础上对所教内容逐层加深。基于循序渐进原则，大学英语词汇教学不能仅仅重视学生对词汇数量的掌握，也应重视学生对词汇质量的把握，要做到在增加学生词汇掌握数量的基础上，提升学生对词汇使用的熟练程度。

逐层加深是指大学英语词汇教学应由浅入深、层层递进地进行，因为课堂教学中不可能一次性教授词汇的所有语义，学生也不可能一次性掌握全部知识。总体而言，在大学英语词汇教学中，教师要避免急于求成，应由浅入深地推进教学，让学生一步步加深对单词意义的了解和对单词用法的掌握，进而提升学生的学习效率和英语词汇水平。

4. 情景性

词汇教学不应孤立进行，而应做到词不离句、句不离段，设置情景，借助情景教授词汇。学生善于模仿、记忆力好、听觉敏感，所以教师应抓住学生的这些特征，为其创设真实的语言情景。教师应根据教材的内容，努力为学生创设良好的语言环境，让学生在较为真实的语言情景中，积极开展练习活动，坚持听、说、做相结合的原则。在情景中教授英语单词，一方面有利于学生对词义的理解，加强记忆；另一方面，方便学生将所学单词应用于交际活动中。

5. 重复性

遗忘是伴随着记忆而行的，在学生的词汇学习中，不可避免地会产生遗忘问题，如果每天不加以复习和巩固，将很难掌握词汇，对此大数据驱动下的大学英语词汇教学应遵循回顾拓展原则，即重复性原则。这一原则是指在教学中将新旧词汇结合起来，利用已教授过的词汇来教授新的词汇，以便让学生对旧的词汇加以巩固，同时有效拓展和掌握新的词汇。

6. 对比性

在大数据背景下，大量词汇均有与其意义对应的词，通过对比、对照等方式将学生容易混淆的词以及内容上联系密切的成对的概念找出来，加强单词的识记。根据神经系统的对称规律，当两种性质不同的语言材料同时出现时，会促进大脑皮层的互相诱导，强化"记忆痕迹"，活跃思维活动。

7. 联系文化

语言与文化密切相关，很多词汇都蕴含着丰富的文化，而且词汇学习的最终目的是进行跨文化交际，因此联系文化原则是大数据驱动下大学英语词汇教学要遵循的一个重要原则。遵循联系文化原则是指，在大学英语词汇教学过程中，词义的讲解、结构的分析都应与文化相联系。充分理解语言文化，有助于加深对词汇的理解，全面掌握词汇的演变规律，有效地运用词汇。

（四）信息化背景下大学英语词汇教学的方法

在信息化时代背景下，大学英语教师应结合现代化教学手段，灵活采用有效的方法来开展大学英语词汇教学，从而促进大学英语词汇教学的改革与发展。

1. 扩大词汇输入渠道

在网络化时代背景下的词汇教学中，教师应该让学生输入足量的语言信息，使学生能够使用这些语言信息进行自然的交流。也就是说，要求教师给学生提供更多真实的语言环境。根据"语义场"的理论，学生可以通过扩大语义网来扩充词汇量。同时，网上有很多的网站可供学生学习和练习词汇，也有对词汇进行测试和阅读理解的内容，这都是扩充学生词汇量的渠道。

此外，很多学习资料也附有音频资料，学生可以根据需要进行下载听取，对自己的词汇知识进行巩固。在线字典可以帮助学生理解遇到的生词，网络搜索引擎可以扩充学生的词汇输入和词汇学习渠道，解决词汇学习中遇到的语言障碍和文化障碍。

在知识输入的过程中，教师应该注意学生对词汇知识的掌握程度，观察学生是否能够将所学的词汇与具体事物和概念联系起来，是否掌握了词的上下义关系、语体风格、感情色彩等。当然，这些在网络环境下是比较容易实现的。例如，在学习同义词时，教师可以将相关词语的不同点和不同用法以公式和图表的形式呈现给学生，并通过文本和声音将大量例句输入给学生等。例如，在学习abolish，cancel，repeal这三个同义词时，教师可以指明abolish为正式用词，指彻底废除某种制度、规章或习俗；cancel的用法广泛，多指取消债务、合同、证书、比赛、旅行、计划或约会等；repeal为书面用词，指撤销立法机关通过的协议、法案或法律等。之后，通过文本和声音将大量例句输入给学生。这样学生可以在短时间内获取有效信息，扩大自身的词汇量。

2. 创设情景

大学英语词汇教学的最终目的是交际，但是我国学生处于汉语的语境学习之中，为了更好地让学生切实地理解并运用词汇，需要结合具体的情景进行教学。创设情景是指教师通过语言、教学设备等工具为学生创设一个真实的，集听、说、看等多种感官于一体的语言环境，让学生真正地接触到真实的英语情景，给学生提供使用英语的机会。这样才能让学生深刻地掌握词汇的含义、用法以及避免忘记，不断地提高词汇的学习效率。

（1）课堂情景

在课堂教学中，教师可使用图片、实物、教具等材料创设一定的课堂情景，让学生有身临其境之感。例如，在教授天气变化词汇时，可以借助多媒体设备进行词汇教学。通过多媒体技术将各种天气变化词汇以多媒体图片、声音或者视频等形式让学生亲身感受不同的天气所对应的单词，这样词汇与情景相结合的教学方法有利于学生加深对词汇的印象以及更加充分地理解该词汇的含义。

（2）生活情景

在词汇教学中，教师可以根据学生的生活阅历创设一定的生活情景来更好地进行词汇教学。教师可以一些辅助教学工具布置各种商店、水果店、书店、文具店、蛋糕店、礼品店等，将所学的词汇用于这些生活情景中，通过使用简单的句式进行词汇练习。通过生活情景的练习，学生在学习词汇时就会注重词汇的实际应用，而不再仅仅以单词的记忆为主。

（3）表演情景

当学生积累一定的词汇之后，为了让学生更深入地理解词汇的应用，教师可以为学生创设一定的词汇表演情景，促使学生将所学词汇以表演的形式呈现出来。常用的表演情景包括对话表演、歌曲表演、话剧表演等。表演情景的词汇教学不仅有利于激发学生学习词汇的兴趣，还有利于增强学生词汇运用的能力。

3. 开展文化教学

文化对英语词汇教学也有着重要的影响，因此在大学英语词汇教学中，教师应采用不同的方法在词汇教学中融入文化内容，以丰富学生的文化知识，并具体提高学生掌握单词的效率，进而提高学生的跨文化交际能力。

（1）直接法

直接法就是在教师进行词汇教学时，根据教材内容有意识地介绍一些文化背景知识以及文化内涵词，这是词汇教学中最常用的一种文化导入方法。例如，当教师在讲解关于 Myth and Legend（神话与传说）的课文时，教师可以先向学生介绍些古希腊、古罗马神话故事，然后再引入故事中的词汇，如 Trojan horse（特洛伊木马）, Achille's heel（致命的弱点）等。为了使学生更加直观、深刻地了解和记忆词汇的文化含义，教师可以借助多媒体手段，使学生对文章的文化背景有一个清晰的了解，从而让学生更好地掌握所学词汇。

（2）文化对比法

中西文化间的差异在词汇上有着显著的体现，因此教师在教授英汉文化中有着明显差异的词汇时，应将词汇教学与文化教学结合起来，通过文化对比让学生深刻地认识英汉词汇文化内涵的异同。例如，在教授 lotus（莲）这一单词时，就可以通过文化对比的方式让学生来掌握这一单词。在汉语文化中，"莲"是"正直、高雅"的象征，而在英语文化中，lotus 却与懒散有关，如 a lotus life（懒散、悠闲和无忧无虑的生活）。词汇教学通常是比较枯燥的，而文化对比教学则能增加词汇教学的生动性，并且在学生丰富文化知识的同时，也能牢固掌握词汇。

（3）语境法

语境是指词、短语、语句或篇章及其前后关系。由于英语词汇的意义多存在于特定的语境中，所以英语词汇课堂教学也要结合一定的语境展开。脱离语境展开的词汇教学，即使学生已经记住了词汇的形式和意义，也无法真正掌握词汇的用法。因此，在大学英语词汇教学中，教师要深入到句子和语篇中，做到词不离句，句不离篇。例如，white 有"白色""纯洁""信任"等不同的意思，教师只有将其放在不同的句子或语篇中才能被学生理解。

4. 通过建立共享学习资源圈

教师可以为学生推荐一些与课本配套的在线课程，通过这些课程，可以做到对课堂内容的补充，丰富学生学习的资源。由于学生固有的知识水平存在差异，学习接受程度不同，因此在实施教学时，教师应该尽可能采用分层教学，从学生的不同层次出发，设置与他们实际能力相符的任务，这样才能满足不同学生的学习需求。

5. 转变学生学习方式

在大数据背景下，学生的词汇知识学习不再局限于读、写、背上，而是将自己碎片化的时间进行整合，展开在线学习，运用多媒体资源对自己的学习进行设计，激发学习兴趣与积极性。

建构主义注重以学生为中心，强调学生对知识的获取与探索，让他们主动发现建构知识的意义。学生通过对知识进行建构，形成自己的认知，从而解决自己学习中的一些问题。

6.建立评价机制

通过网络学生可以自己进行测试，这有助于教师进行数据的整合，找出学生容易出错的地方，然后在课堂上对一些重点、难点进行讲解，并及时反馈学生的学习效果。显而易见，建立评价机制，对学生的学习是一种鼓励，也是促进学生前进的动力。

二、语法教学

（一）大学英语语法教学内容

1.词法和句法

在任何阶段词法和句法都是语法教学的重要内容。

词法可进一步分为构词法和词类。构词法讨论不同的词缀、词的转化、派生、合成等内容，词类可以进一步分为静态词和动态词。当然，静态词并不是绝对不变的。例如，形容词有比较级和最高级的变化，名词就有格、数、性等的变化。动态词主要包括动词以及直接与动词相关的语态、时态、分词、动名词、不定式、情态动词、助动词、虚拟语气、不定式等。

句法可以分为三大部分，即句子成分、句子分类、标点符号。句子成分是指单词、词组或短语在句子中所起的作用或功能，主要包括以下八大类：主语、谓语、宾语、表语、定语、状语、同位语、独立成分。依据不同的分类标准，可以将句子分为不同的类型。按句子的目的可以分为陈述句、疑问句、祈使句、感叹句；按句子的结构可以分为简单句、复合句和并列句。主句、从句、省略句等也是与句子有关的内容。句法学习的内容还包括标点符号。此外，词组的分类、功能、不规则动词等也属于句法的学习内容。

英语语法教学中的词法和句法内容如图 5-1-1 所示。

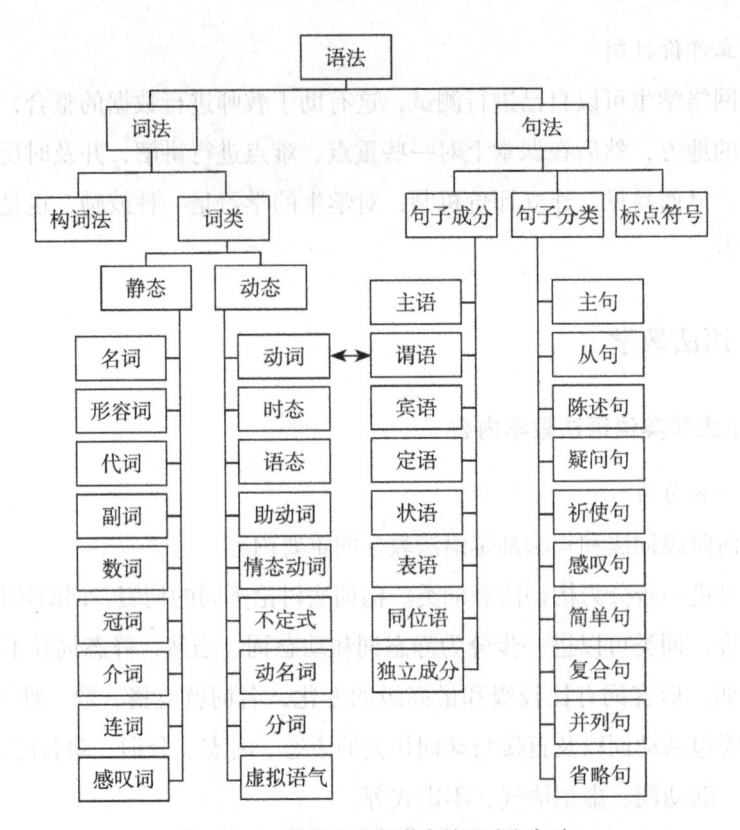

```
                            语法
                    ┌────────┴────────┐
                   词法              句法
              ┌─────┴─────┐    ┌──────┼──────┐
            构词法       词类  句子成分 句子分类 标点符号
                    ┌────┴────┐
                   静态      动态
                   名词      动词  ←→  主语    主句
                   形容词    时态      谓语    从句
                   代词      语态      宾语    陈述句
                   副词      助动词    定语    疑问句
                   数词      情态动词  状语    祈使句
                   冠词      不定式    表语    感叹句
                   介词      动名词    同位语  简单句
                   连词      分词      独立成分 复合句
                   感叹词    虚拟语气          并列句
                                              省略句
```

图 5-1-1　英语语法教学中的词法和句法

2. 章法

学生在学习了一段时间的词法和句法之后，已经掌握了一定的语法基础，此后就要进行章法的学习。章法的教学内容主要涉及句子之间的逻辑关系、篇章的结构逻辑等。表示比较对照的词语，如 by contrast，by comparison，unlike；表示程序的词语，如 first，second，then，finally 等都属于章法的范畴。例如，想要判断下面两组句子的可接受程度，就需要运用章法知识。

This is 5632462.We are not at home right now.Please leave a message after the beep.

Please leave a message after the beep.This is 5632462.We are not at home right now.

英语语法的内容十分繁杂，常会使学生顾此失彼，这也是学生在语法学习和使用中最困难的地方。整个语法教学的核心是整个语法知识和技巧发展的基点。

而从词法和句法上看，动词形态变化和主谓基本结构就是英语语法的一个核心和基点。

上述这一观点主张首先抓住核心问题，然后围绕核心问题不断扩展。例如，首先以动词和谓语之间的天然关系为纽带，然后通过谓语拉动与动词相关的一系列动态词法内容，并逐渐扩展到主语、宾语、定语、状语、表语等句子成分与相对静态的名词、形容词、代词、副词、数词等词类的关系，最后发展到对于章节以及篇章衔接手法等语法手段的运用。

3. 功能

功能指的是语法的语用，也是英语语法教学的重要内容。语法项目，无论单词、短语还是句子，都具有一定的表意功能。不同的句式所具有的表意功能不同，同一种句子也可以具有多种表意功能。例如，用以介绍信息的句子有"I was born in…""My name is…"等，用以表达建议、邀请、拒绝、道歉等的句子有"Would you like to go to the cinema with me on Saturday？""I'm busy today. I have a lot of papers to go through."等。语法的功能还表现在句子所传达的言外之意。例如：

Wife：That's the phone.

Husband：I'm in the bathroom.

Wife：OK.

上述对话中"That's the phone."与"That's a pencil/bag."所表达的意义不同，这句话其实传递了一种言外之意，即"妻子要求丈夫接电话"，而丈夫的回答"I'm in the bathroom."并不是简单地告诉妻子说自己在洗浴，而是告诉妻子自己不能接电话，既是拒绝，也是表达一种要求，即让妻子接电话。

总体而言，语法体系不仅涉及不同的词法、句法结构等知识性内容，也涉及功能用法，涵盖内容十分广泛。在具体的大学英语语法教学中，教师应根据教学目标和学生的具体情况，循序渐进地向学生传授语法内容。

（二）信息化背景下大学英语语法教学的原则

1. 综合性

在信息化背景下，综合性原则是指大学英语语法教学要采取恰当的教学方式，具体体现在以下几个方面。

（1）归纳教学和演绎教学相结合。这两种教学方式各有所长，教师在语法教学中要根据具体的内容，将二者有机结合，以归纳为主，演绎为辅。

（2）将隐性教学与显性教学二者进行有机结合。隐性语法教学指的是在教学过程中，要避免对所学习到的语法规则进行直接的讨论，而是让学生在情境中对语言进行体验，使得语法规则在学生对语言的交际性运用中进行归纳得出。显性语法教学强调在教学的过程中对语法规则的直接谈论，其语法教学目标直截了当。根据学生的生理、心理特点，教师应尽可能避免机械、反复的语法识记和操练，应该让学生身处一个有意义的情景中，对所教语法项目进行感知和理解。然后，教师应该为学生创设一个情景，这个情景应该充满趣味性和生动性，让学生在交际活动中运用语法知识，操练和巩固语法知识。最后，根据学生对所学内容的了解和掌握情况，教师应该帮助学生对所学内容进行归纳和总结。语法教学应以隐性教学为主，适当采用显性教学，这样能激发学生学习语法的兴趣，帮助学生增强语法意识，培养语言使用能力。

（3）寓语法教学于听、说、读、写教学之中。学生的听、说、读、写四大基本技能的培养离不开语法，语法是为这些技能服务的。所以教师要把语法教学贯穿于听、说、读、写教学之中，使语法真正服务于交际。

2. 实践性

传统的大学英语语法教学只重视知识传授，不重视技能培养，忽视语法的交际功能。《大学英语教学指南》注重学生能力的培养。教师要明确英语语法教学只是培养语言实践能力的桥梁，其目的是更好地培养学生听、说、读、写语言实践能力，进而达到用英语进行交际。因此，语法教学必须突出其实践性原则。

行为主义学习理论认为，外语学习基本上是一个形成习惯的过程。其他流派也从不同角度提出了练习在培养言语能力中的作用。大学英语语法主要出现在单词、句型、文章中，教师在语法教学中必须以多种方式对语言知识进行实践练习，根据具体情况适当点拨，让学生在精读多练的基础上，熟练掌握语法知识，形成语感，从而建立一套新的语言习惯。

3. 交际性

在信息化背景下的大学英语语法教学中，教师应遵循交际性原则，即恰当地运用多媒体设计课堂教学，创设合理的语言交际环境，使语言交际环境符合实际环境，从而帮助学生更好地掌握语法知识，提升交际能力。语法教学的终极目标并非是提高学生的学习成绩,其实质是让学生运用语法知识。因此,在进行语法教学时,教师应该让教学与现实生活相联系,对学生的语法思维进行培养,对他们的听力能力、阅读能力、写作能力等进行提高,从而使得学生的语言交流能力得到提升。

4. 文化关联

语法作为语言的内部规律,与文化有着密切的联系,即蕴含和反映着丰富的文化信息。对此,在大学英语语法教学中,教师应重视文化因素对学生语法学习的影响,并有意识地进行文化教学,创设英语语言环境,从而丰富学生的文化知识,切实提高学生的语法能力和语言交际能力。

(三)信息化背景下大学英语语法教学的方法

1. 利用网络多媒体呈现知识,并进行课后拓展

利用网络多媒体等先进的教育技术有利于在语法教学中创造轻松、愉快的气氛,缓解学生的学习焦虑,并有效调动他们的学习积极性,使他们积极进行思考,提高思辨能力与学习效果。具体来说,在语法教学中采取网络多媒体教学法可以从以下几个方面入手。

(1)利用课件呈现语法知识点

现在,网络多媒体已广泛运用于英语教学中,教师可以充分利用网络多媒体课件,将语法知识点、语法句型等呈现给学生,从而通过生动、形象的输入来帮助学生进行理解与记忆。例如,教师在讲授 listen、watch 等词的一般过去式、正在进行时的时候,就可以将 -ed 与 -ing 形式用下划线、不同颜色标注出来,或者可以设置为有声导入,这可以集中学生的注意力,引导学生对规律进行总结,达到举一反三的效果。

(2)采用课后自主拓展模式

网络媒体教学对于激发学生的能动性、提高学生的自主学习能力十分有利。课堂教学时间是有限的,学生很难通过课堂时间掌握所有的语法知识,但网络环境下的语法教学要求学生在课后进行自主学习,这就有效弥补了课堂教学的不足。借助网络,教师可以创建一个讨论组,促使资源得到共享。在讨论组中,教师将预先设计好的指导性问题和相关内容上传到网络平台,学生可以自行下载提前进行预习,如果有问题可以提出问题,大家也可以参与讨论。此外,教师可以通过

E-mail 形式进行辅导和交流。这不但可以打破时空的限制，还可以缓解课堂的紧张气氛，让学生更轻松，也能将课堂内容延伸到课堂外。

2.利用翻转课堂，完善课前与课堂教学

翻转课堂也是随着信息技术的发展而产生的一种新型教学模式，将该教学模式运用于大学英语语法教学，可有效调动学生学习语法的兴趣，促进学生自主学习能力的提高，拓展学生的独立思考能力，进而培养学生的语法能力。翻转课堂这种教学模式不再以教师为中心，而是以学生为中心，教师只是起到辅助作用，学生是教学环节的重点，师生之间处于相互互动的状态。

（1）借鉴网络教育的资源，不断提升微课制作水平

翻转课堂与传统的语法教学模式相比，其最显著的特征就是用视频微课取代了传统的"黑板+粉笔"的教学模式。这对于已经习惯了传统教学模式的英语教师来说是一项很大的挑战，在短时间内会很难适应视频微课这种新的教学形式。鉴于此，教师应该对微课的制作技术进行熟练地掌握，对各种视频制作软件进行灵活使用；此外，还应该对视频微课内容的整合与加工非常重视，对于语法知识应该进行重点的选择，通过对网络上优质的教学资源进行借鉴和吸纳，制作出优质的、有着丰富内容的、短小精悍的数字化课程资源。

（2）对于语法的难点进行重点关注，提高教师在答疑解惑方面的能力

在翻转课堂的基础上，教师将制作好的视频微课上传到网络平台，学生自行下载，并在固定时间内完成自主学习，对于一些较难的语法知识难点，老师会在班上进行统一的解答或是个别的指导，也可以在课堂上进行分组讨论。因此，作为一名英语教师，必须在教学中不断丰富自己的语法知识，提高自己的语言水平，才能在教学中有效地解决学生遇到的困难和问题。

（3）开展针对性的、差异化的教学辅导，实现学生自主学习

教师应该在翻转课堂教学模式中不断地更新自己的教学观念，转变自己的教学方式，积极地融入学生的学习过程中，参与学生学习的各个环节，扮演好学生学习的引导者和监督者的角色。鉴于不同的学生有着自身的特点，存在着巨大的不同，有着不同的基础水平和认知结构，因此教师需要采用借助于不同的辅导方式实现对不同层次的学生的辅导，尤其是对一些没有较强自制力的学生来说，更要采取有效方式来加以辅导，促进他们进行自主学习。

（5）重视教学评价，建立激励机制

翻转课堂的语法教学注重的是学生的自主学习，对学生进行考核评价有助于掌握学生的自主学习的参与率与频率，可以提升翻转课堂的实际效果，这种考核应该贯穿于整个的课堂教学之中，一方面，有利于教师掌握学生对语法教学的参与度和配合度；另一方面，有利于教师对学生的语法掌握情况有一个准确的了解，同时还能对学生产生正向的激励作用。

第二节 大学英语听说技能教学

一、听力教学

听力教学是大学英语教学的重要组成部分，并在大学英语教学中占据着十分重要的地位。尽管听力属于语言输入的一部分，但是听力能力的培养和习得并非一蹴而就的。学生只有具备了扎实的语言基础知识功底，才能对听力材料中的信息进行有效的把握。然而，由于大学生语音知识、词汇知识以及语法知识的欠缺或听力方法不当，使得英语听力一度成为困扰很多大学生的问题之一。本节就对大学英语听力教学的改革进行探究。

（一）大学英语听力教学的内容

教学内容是英语听力教学的基础，是学生学习的重点，也是教师开展教学的基础。大学英语听力教学的内容主要包含以下几个方面。

1. 听力知识

听力知识包括很多方面，如语音知识、语用知识、策略知识、文化知识等。

语音知识不仅是语音教学的内容，还是听力教学的内容。熟练掌握英语的发音、重读、连读、意群和语调等语音知识有助于提高学生的语音识别能力和对语音的反应能力。因此，教师在听力教学中还要加强对学生的语音训练，如对听音、意群、重读的训练等，以使学生熟悉英语的表达习惯、节奏，适应英语语流，从而为学生的听力奠定基础。

听力材料中常涉及一些有关言谈交际的话题和材料，并且会话含义在交际中是一种普遍的现象，要理解这方面的听力材料，就需要借助相应的语用知识，因此语用知识也是英语听力教学的重要内容。

策略知识有助于学生根据听力材料和听力任务的不同选择合适的听力策略，提高听的效果，所以听力策略也是听力教学的重要内容。

因缺乏相应的文化背景知识，学生的听力活动常会受阻，因此文化知识也应成为英语听力教学的重要内容。

2. 听力技巧

听力技巧是英语听力过程中必须具备的一项内容，因此是听力教学重要的一项内容。具体来说，在听力教学中，教师要向学生传授以下听力技巧。

（1）辨音能力。在听力理解的过程中，学生还需要具备基本的辨音能力。例如，辨别音位、语调、重读音节等。

（2）交际信息辨别能力。听力材料呈现出明显的交际性，因为听力材料大多是由交际性语言组成的，因此学生需要掌握基本的交际信息辨别能力，如话题起始语、话题转折语、话题终止语等。

（3）大意理解能力。这项听力技能的教学内容主要是要求学生能够及时抓住交际者的意图等。

（4）对细节的把控能力。听力活动不仅需要学生掌握主旨大意，也需要学生掌握足量的细节信息，这些细节信息是听力理解的基础。所以，对细节的把控能力也是学生应掌握的技能。

（5）推理判断能力。推理判断能力也是学生必备的技能之一，因为听力材料中的交际者是根据一定的目的进行交际的，学生需要依据推理判断能力去揣摩说话人的意图，进而保障听力活动的顺利进行。

（6）词义猜测能力。具备词义猜测能力是成为一个合格的听者的必要条件，常用的词义猜测方式有根据上下文判断、借助整体语境、搜寻已有信息等。

（7）预测能力。预测能力指的是根据一定的语境信息以及已有知识，来预测下文语言话题的发展与转向。

（8）记笔记的能力。听力活动具有时间短、不可重复的特点，而且学生的记忆能力是有限的，不可能在短时间内记住所有的内容，这就需要学生具备一定的快速记笔记的能力，以辅助记忆更好地完成听力任务。

3. 听力理解

听力理解也是大学英语听力教学的重要内容之一。培养学生的听力理解能力实际上就是培养学生对句子和语篇的理解能力，使学生的理解由"字面"到"隐含"再到"应用"。听力理解是一个循序渐进的过程，必须要经历四个环节，即辨认、分析、重组、评价与应用，通过这一过程，学生的听力能力才能逐步提高。

（1）辨认主要涉及语音辨认、信息辨认、符号辨认几个方面。教师可以通过正误辨认、匹配、勾画等具体方式训练和检验学生的辨别能力。

（2）分析要求学生具备对听到的信息进行分析并转化到图、表中的能力。分析要求学生可以在语流中辨别出短语或句型，对谈话内容有大致的理解。

（3）重组要求学生用自己的语言将获得的信息重新组合，通过口头或笔头方式表达出来。

（4）评价与应用要求学生在前面三个阶段获得信息、理解信息、转述信息的基础上，能运用自己的语言评价、应用所获得的信息。

4. 语感

英语语言学习讲究良好的语感，也就是对英语的直接感知能力。良好的语感有助于学生即使在语法有所欠缺的条件下依然能够快速而正确地做出判断，所以大学英语听力教学中也应有意识地培养学生的语感。

（二）大学英语听力教学的原则

1. 循序渐进

任何学科的学习都不是一蹴而就的，都需要经过一个循序渐进的过程，英语听力学习也不例外。这里的循序渐进是指英语听力教学要由简到繁、由易到难地展开。这一原则在听力材料的选择上发挥着重要的作用。在选择听力材料时，要注意材料难度的阶梯性，应由简单逐步向复杂过渡。在听力教学初期，教师应选择那些吐字清晰、语速较慢的材料，同时兼顾材料的真实性和多样性，教师可选择一些新闻、故事以及一些社会热点话题等，以培养学生的学习兴趣。当听力教学逐步加深之后，教师可以根据实际情况增加材料的难度，以满足学生的求知欲望，提高学生的听力水平。

2. 激发兴趣

听力能力的提高需要一个过程，不能急于求成，而且需要不断的练习和努力，很多学生由于自己听力能力不佳，加上进步缓慢，因此对听力缺乏兴趣。可见，兴趣对于英语听力学习至关重要，对此教师在开展大学英语听力教学时要有意识地激发学生的兴趣，也就是遵循激发兴趣原则。具体而言，教师在进行听力教学之前，首先要充分了解学生的兴趣所在，即了解学生对哪些听力活动和听力内容感兴趣，然后以此为依据来调整教学内容和教学方法，激发学生的听力兴趣，调动学生的积极性，进而提高学生的听力水平。

3. 选材真实

英语听力课堂教学的目的不是为了让学生应付听力考试，而是培养学生的听力能力，使学生能够有效地进行跨文化交际，能够在真实的情境中运用语言，因此听力材料的选择要有真实性。例如，教师可以选取一段完整的广播节目或者一段英语电影片段等让学生听，这种真实的听力材料能让学生接触和感受地道的英语表达，领悟英语语言与文化特点，培养英语语感，进而提高英语听力水平。此外，听力材料的选择应注意难度适宜，既不能太简单，也不能太难。如果听力材料过于简单，会使学生产生轻视心理，不利于学生听力水平的提高；如果所选择的材料过难，则会给学生带来心理负担。

4. 情境性

听力是交际的重要方式，学生只有在自然、真实的环境中，才能与环境产生相应的互动，获得真实的语言体验。很多教师往往都有这样的感受，即教师竭尽全力鼓励学生参与课堂活动，但学生依然对听力学习缺乏积极性，课堂教学沉闷。实际上，良好的课堂氛围需要师生共同营造，教师应该与学生积极沟通，充分发挥自己的主导作用和学生的主体作用，应在活跃、自然、民主的课堂环境中，创建英语语言情境，进而培养学生的听力能力。

5. 综合性

听、说、读、写这四项基本技能是相辅相成、相互促进的关系。因此，在英语听力教学中，应将这四项基本技能结合起来进行教学。

听与说不可分割，在交际过程中，一个人听的过程，实际上就是另一个人说的过程，所以在教学中可将听与说结合起来进行训练。例如，利用听力材料中的语言来完成口语任务，可以有效培养学生的口语交际能力；而朗读、模仿使用和复述听力材料，并背诵一些优秀的文化，可有效积累语言素材，还能培养良好的语感，良好的语感又能进一步提高记忆和听力理解能力。此外，根据所听材料进行角色扮演、展开情景对话等都是以说促听的有效方法。

将听与读结合起来进行教学，不仅能增强学生的语感，还有助于学生将单词的音、形、义三者统一起来，有效地减少判断误差的发生，对于学生听力的培养有积极显著的促进作用。此外，经常采用边听边读的方式，还能加深对文章的理解，提高对语言的反应速度，不再习惯性地采用汉语的思维来理解英语。

听与写相结合的最佳形式就是听写练习，如将对话改写成短文等。听与写结合不仅能促进学生语言能力的培养，还能提高学生的分析、理解和归纳能力，这对提高学生的语言敏感性和提高学生的听力水平十分有利。

6. 注重情感

在教学中，教师除了要注重学生学习本身外，还要重视学生的情感体验。具体而言，教师要为学生创造一个轻松、愉快的课堂环境。例如，教师在听的过程中可以穿插一些幽默小故事、笑话、英文小诗、英文卡通或英文歌曲等，也可以根据实际情况改变听的形式或更换听的内容等，努力消除学生因焦虑、害怕等产生的心理障碍，创造和谐的学习氛围，使学生获得良好的学习体验，进而提升学生的听力水平。

（三）信息化背景下大学英语听力教学的方法

1. 充分利用 TED 资源

TED（technology，entertainment，design）是美国的一家私有非营利性机构，宗旨是"用思想的力量来改变世界"。TED 演讲的领域已从最初的技术、娱乐、设计三个领域扩展到了各行各业，演讲者涉及科学家、哲学家、艺术家、探险家、心理学家、语言学家、宗教领袖、慈善家等。TED 视频的最大优势可以为学生提供最为纯正的、丝毫没有加工过的英语交际情境，可以借助思想内容、语言形式、技术支持等来保证听力翻转课堂的顺利进行。

2. 加入多样化教学工具

（1）英语歌曲欣赏

在课余时间欣赏英语歌曲，可以使人的精神和身体得到充分的放松，从而创造一种轻松的学习环境；其次，还能让学生学会英语歌里的一些表达方式、用词，以及英语的发音技巧等等，这样就能很好地调动他们的学习积极性和兴趣。在这个平台上的英语歌,要有一定的地域文化特色,还可以选择一些有深意的歌曲;老师可以让学生对歌曲的内容和旋律有一个大概的认识,然后在平台上以填空、提问、听写、判断、排序等形式出题。

(2)影视作品欣赏

在影片中充满了丰富的故事情节,对学生产生了强烈的吸引力,让他们能够积极地投入到影片当中,去了解当地的风俗习惯,有利于消除他们心中的紧张感,从而有效地帮助他们吸收知识,提高他们的听力能力。他们从全神贯注地看着,到全神贯注地听,在这个过程中,学生会主动跟随电影中的声音去学习,去说。在英语课上的讨论与沟通时,一些平时害怕沟通的同学,也可能会因为看了影片而表达出自己的看法。

(3)英语竞赛视频

在平台上会为学习者提供优质的、高质量的竞赛演讲视频,学生可以在这些视频中感受一些较强的演讲者的思维和语音、语法、语言表达。学生还可以在练习听力的时候学习一些表达技巧。在英语教学中,通过多听,或者是换个视角来看待问题,可以使学生的听力水平得到提升,学生对于英语的理解能力也可以得到很大的提高。

二、口语教学

(一)大学英语口语教学内容

英语口语课堂教学是以培养学生口头交际能力为目的的教学,其教学内容包含语音、词汇、语法、会话技巧、文化知识等。

1. 语音

语音是英语口语学习的基础,无论是发音有误,还是语调发生变化,都可能引起理解困难,甚至是理解错误,因此英语口语教学的内容首先就是正确的发音和语调。具体来讲,英语口语教学中的语音主要包括音节、重读、弱读、连读、意群、停顿、语调等。例如:

A:This movie is meaningless.

B1:It ↘ is.(非常肯定)

B2：It ↗ is.（可以是漫不经心的附和，也可以表示不耐烦）

B3：It\ ↘↗ is.（稍带责备口气）

通过上述例子可以看出，相同的句子，因语调不同，句子所表达的意思也不相同。

2. 词汇

语言能力的培养是交际能力培养中至关重要的一环，而词汇则是使交际得以进行的语言能力的核心。口语表达是一种创造性技能，在合乎交际礼仪的交流框架构建起来后，整个交流的空间就有赖于词语作为文化和思想的载体来填充。在英语教学中，许多学生对单词的所谓"掌握"只是一般性的识记中文释义和会拼写，却不能脱口而出地使用词语造出句子。也就是说，语言交际框架的最基础阶段和层次的问题没有得到解决，这种情况下学生的口头表达能力也很难得到提高。

因此，学生口语能力差的最根本原因之一是词汇掌握程度差。从这个意义上说，口语教学的内容离不开词汇教学，且词汇教学应该交际化。要实现词汇教学的交际化，口语教学须从语音开始，从单词的音、形、义的练习以及词的搭配、造句入手，扩大学生的基础词汇，这是提高学生口语能力的有效途径，也是提高学生口语能力的前提和关键。

3. 语法

语法是语言运用的基本法则，是词汇组成句子的重要规则，要想实现沟通的目的必须要构建出符合语法规则的句子，只有句子符合语法规则才可以被听者理解。所以，语法也是大学英语口语教学的重要内容。语法教学交际化包括以下几个方面。

（1）训练学生听懂特定的口语句型。

（2）训练学生熟练地使用语法句型表达自己的思想。

（3）向学生讲授口语句型的特点，并对此进行专项训练。

有的教师和学生把词汇教学、语法教学与口语教学对立起来，这是口语教学中的一个严重认识误区。事实上，词汇和语法都对学生的口语技能起着至关重要的作用。词汇是表达的基础，语法是表达的规范，离开词汇和语法英语口语也就无法表达。

4. 会话技巧

为了能够使用英语得体地进行语言交际活动，学生在学习英语口语时必须学习、掌握一些会话技巧。话题转换技巧对会话的成功起着至关重要的作用。对于本族语者而言，话题转换很容易而且很自然就可学会，但是对于二语学习者而言却并非易事。无论是第一语言的口语学习还是第二语言的口语学习，都必须学习关于交际的知识和互动的技能。会话技巧主要包括以下几个方面。

（1）开始交谈。例如：

Look at there！…

瞧！……

Hey！You there！

（2）发出邀请。例如：

A：What are you going to do tonight？

B：Nothing important.Is there any arrangement？

A：Come to take part in my birthday party then.

（3）获取信息。例如：

I'd like to know…

我想知道……

Could you tell me…？

你能告诉我……吗？

（4）征求意见。例如：

How do you see…？

你对……怎么看？

What do you think of…？

你认为……怎么样？

……

还有很多，这里不一一说明了。

5. 文化知识

有效的交际不仅需要学生准确地表达语言，还需要学生得体地表达语言，所以学生除了要掌握扎实的语言知识外，还要具备一定的文化知识，只有这样学生在口语交际过程中才能使语言表达符合相应的文化氛围和语言环境。因此，文化知识也是大学英语口语教学中不可或缺的内容。

（二）大学英语口语教学的原则

在英语口语教学中，教师应遵循科学的教学原则，以有效提高学生的口语水平，提升教学的效率。具体而言，可遵循以下几项原则。

1. 先听后说原则

在英语语言技能中，听和说是相辅相成的，听是说的基础，俗话说"耳熟能详"，只有认真听、反复听、坚持听，才能最终说一口流利的英语。因此，英语口语教学应当坚持先听后说原则，即教师首先应注意加强学生听的能力，其次才是说的能力。只有坚持先听后说原则，才能帮助学生掌握正确的发音，为训练口语能力打下良好基础。

2. 循序渐进原则

口语能力的提升需要一个很长的过程，不可能一蹴而就，因此在英语口语教学中，教师应遵循循序渐进原则，即由易到难、由理论到实践，层层深入，逐步提升学生的口语能力。我国的大学生来自全国各地，不仅英语水平参差不齐，发音也会受方言的影响，因此教师在口语教学的过程中首先应该解决学生语音、发音层面上的问题与困难，纠正他们的错误发音，让学生根据从简单到复杂的程序，从语音、语调、句子、语段等方面逐步进行锻炼。另外，教师在安排与设计教学步骤时要遵循科学原则，充分把握难易程度。如果教学目标定得太高，学生学习起来会有压力；如果目标定得太低，学生学习起来会缺乏挑战性和乐趣，因此教学目标设计要适度，符合学生的实际水平。

3. 内外兼顾原则

所谓内外兼顾原则，是指考虑问题时要顾及内、外两个方面。在这一原则的指导下，教师在英语口语教学的过程中不仅要重视课堂教学，还需要引导学生合理利用课外活动来练习口语。事实上，学生的口语学习应该以课堂教学为主，并且将课外活动中的口语学习作为课堂学习的一种补充，二者相互促进、相互配合。在课堂教学练习的基础上，学生开展相应的课外活动，可以将课堂上所学习的知识在课外活动中进行充分实践，从而达到复习、巩固知识的目的。此外，学生在课外活动中还可以运用课堂上所学习的理论知识，将知识内容转化为技能。与课堂活动相比较而言，课外活动的氛围比较轻松，学生的心情也会十分愉悦，在这种放松的心情下来练习口语将会取得令人意想不到的效果。在课程结束之后，教师为学生安排作业与练习之前，可以将学生分组，让学生以小组为单位来完成作业，通过相互讨论小组任务，可以帮助学生提升自身的口语能力，同时可适度加强学生的团结协作能力。

（三）信息化背景下大学英语口语教学的方法

1. 注重网络测试与实施人机对话训练

基于信息技术，大学英语口语教学可以让学生充分发挥自主学习能力，教师可以让学生利用信息技术进行自我口语水平的测试与评估、人机交互口语练习。另外，教师还可以利用信息技术批改学生的英语口语作业。教师还可以为学生布置自主练习方面的练习作业，让学生利用网络下载相关资料，展开自主练习。

2. 注重过程评价与教师科研相结合

众所周知，科研的进行主要是为了给教学提供更好的服务与指导，充分促进教学成果的提升。简单而言，教学与科研之间的关系是紧密的。在教学的具体过程中，教师可以根据评价结果以及教学过程中自己所发现的问题记录工作日志，在反思过程中改进教学方法，这不仅可以改善教学的效果，还可以大大提升教师自身的科研能力。

3. 课中线下交流＋信息技术

在教学过程中，对于学生的口语预习情况，教师的角色应该发生改变，从操控者变成指导者。在课堂上，除了面对面的口头沟通之外，教师也可以利用QQ群里的语音来进行口语的教学活动，让全班同学都有机会参加，从而提高了课堂的参与度。教师在对口语进行反馈的时候，依据雅思口语评价标准来进行学生的口语水平的评价，主要从以下四个方面进行考量：一是口语的流利性和连贯性，二是语音，三是词汇多样性，四是语法多样性和准确性。这样可以帮助学生进行有效的学习。在课程中，教师也可以使用慕课资源，实现对大学英语口语课堂教学的辅助，将课堂教学与网络信息技术进行深度的融合，不断提高大学英语的口语教学效果和水平。

阅读教学、听力教学和写作教学是英语口语教学的基础。通过复述、讨论听力材料等口语活动，可以使学生更好地掌握听力材料，提高口语表达能力。在阅读教学中，老师根据课文的内容，设计几个有难度的问题，这有助于培养学生的英语思维，提高他们的综合应用能力，提高学生的思辨能力。在教学中，可以让学生对每个单元的课文进行朗读，在此过程中发现学生存在的语音问题，提高学生的发音水平。这就要求学生利用自己的语言知识复述文章，通过学习这个平台上传语音，展示一部分同学的课堂复述。

在口语教学中，如果遇到适合角色表演的文章，可以组织学生进行表演，就文中的一些观点展开技能性辩论，这样可以呈现出更加多样的课堂口语活动形式。教师在口语活动结束之后，可以组织学生对同一个任务进行写作的练习，将写作与口语的表达相结合，使得学生的语言交际能力得到提高，同时提高学生的思辨能力。

第三节　大学英语读写技能教学

一、阅读教学

阅读是学生学习英语时必须掌握的一项技能，也是对学生英语水平进行衡量的一项重要指标。通过阅读，学生可以获得丰富的信息，拥有丰富的体验，感受语言带给自己的文化魅力。但是，阅读并不是简单地接收信息的过程，而是一种复杂的交际与思维活动，其不仅受到语言能力的影响，还会受到文化因素的影响。因此，在阅读教学中，只有重视对文化内容的教授，并将跨文化内容融入英语阅读实践中，才能真正地提升学生的阅读理解与应用能力。

在语言学习过程中，阅读能力一直都发挥着重要的作用，因此很多国家都十分重视阅读。例如，美国做过"美国阅读动员报告"，英国启动了"阅读是基础"运动，两国还投入了大量人力和财力来推动国民阅读能力的培养。在中国教育教学中，阅读能力也深受重视。关于阅读的定义，不同的学者发表了不同的看法。

很多学者都认为阅读涉及读者和阅读文本，并且认为阅读是这二者之间的交流互动。简单而言，阅读就是读者积极运用已经掌握的语言知识和背景知识等对语言材料进行处理，同时获取信息的过程。总而言之，阅读就是读者赏析、探究文章的一种行为活动，在这个过程中读者和作者可以形成思想上的默契。

在大学英语阅读中，学生不仅需要理解词汇、语法、句意，还要通过背景知识和已有经验不断地体会、领悟作者的写作意图和文章主旨。做到了这些，才算是掌握了文章的深层内涵，也就达到了阅读的最高境界。

（一）大学英语阅读教学的任务

大学英语阅读教学的任务是培养学生的各种阅读技能，通常包含以下几个方面的内容。

（1）辨认单词。

（2）猜测陌生词语。

（3）理解句子之间的关系。

（4）理解句子及言语的交际意义。

（5）辨认语篇指示词语。

（6）通过衔接词理解文字各部分之间的意义关系。

（7）从支撑细节中理解主题。

（8）将信息图表化。

（9）确定文章语篇的主要观点或主要信息。

（10）总结文章的主要信息。

（11）培养基本的推理技巧。

（12）培养跳读技巧。

（二）阅读的能力

英语阅读能力包含以下三个心理过程，这也是阅读的心理机制。

1. 知觉语言符号

英语阅读的第一个过程就是知觉语言符号，即对句子进行有意义的分割。书面材料的难度、读者的认知结构及理解英语语言的能力都影响着句子分割的速度。

2. 编码语言符号

编码语言符号是英语阅读必不可少的一个环节。在这一环节中，人的大脑将接收的语言符号转变为简单易懂的内部语言，并转入短期记忆模式中。

3. 重组信息

对语言符号进行编码解读之后，就进入了第三个阶段，即知识才能真正归读者所有。对于阅读效果而言，记忆效率是十分重要的，如果所阅读的内容没有被记住，那就等于没有阅读。不过，长期记忆虽然容量大，但是速度相对缓慢。存储于短期记忆中的信息需要经过重新编码之后才能进入长期记忆。阅读内容进入长期记忆的过程需要内部语言的参与，它是思维的核心。内部语言的特征有三个，即无声、简化、思考。长期记忆的对象是思想活动，进入长期记忆的信息是有组织地进行排列的，这样更有利于检索。检索的速度对阅读效率有着关键的影响，这也从侧面体现了记忆的结构性和组织性。

（三）信息化背景下大学英语阅读教学的方法

将信息技术与大学英语阅读教学相融合，大学生可以利用信息技术搜索与学习自己喜欢的英语知识。但是，这并不意味着学生的网络搜索是漫无目的的，其中离不开教师的指导与引导。如果教师对学生的阅读学习不管不问，那么即便信息技术再发达，学生自身的阅读兴趣以及阅读能力也是很难有效提升的。因此，大学英语阅读教学中融入信息技术离不开教师的充分参与。具体而言，教师可以采用如下几种方式。

1. 发挥网络互动优势，激发学生的学习兴趣

教师可以利用信息技术为学生的英语阅读创建一个平台，让学生充分参与其中，利用这一平台来扩展自己的阅读能力。利用信息技术，教师可以为学生准备丰富的阅读资料，实现阅读资源共享。在教学过程中，教师可以依据教材中的内容为学生建立一个网络阅读资料库，将教材中阅读的重点、难点都上传到网络上，同时为学生补充适当的课外知识，以拓展学生的阅读视野。此外，为了避免学生在阅读学习中出现乏味情绪，教师还可以在学生阅读的资料中添加一些图片、视频、漫画、音乐等，在材料的格式、设计上也可以体现自己的特点，让学生爱上英语阅读。

2. 科学合理地选择阅读材料

显然，学生阅读能力的提高离不开大量的练习，换言之，英语阅读是一门技巧训练的课程，需要花费大量的时间进行阅读训练。因此，这就要求教师为学生准备科学的阅读材料。在信息技术的帮助下，教师可以为学生找到一些贴近课堂教学内容的阅读材料。在开始上课之前，教师可以为学生布置一些阅读要点，让学生自己上网搜索浏览，这可以在一定程度上培养大学生的查询以及获取信息的

能力。随后，教师将自己所准备的阅读材料发给学生，让学生通过小组的形式阅读与交流，并分享心得。等到课堂结束的时候，教师可以安排学生对这次阅读活动进行总结，每一位学生都要写出总结报告，然后教师对学生的报告给予口头评价。

3. 科学地进行评估与分类指导

教师除了利用信息技术在课堂上授课之外，还可以利用信息技术对学生的学习成果进行评估。在设计一套合理教学评估方案之前，教师可以利用网络技术搜索与阅读相关的评价理论或内容，进而结合自身所教授的阅读材料中的生词、语法、词汇量、句法等知识来设计评估内容，如此获取的评估结果将可以充分了解学生的阅读水平。同时，教师还可以对学生的评估结果进行线上统计，对学生阅读的时间、阅读的效率也有充分的了解。

4. 实施英语阅读混合式教学

（1）教学内容方面

如何设计有趣、吸引学生注意力的阅读课程？偏离常规的教学内容往往会在学生的心里占据突出位置，给他们留下较为深刻的印象。不少教师通过调查发现，超过80%的学生都不满意他们已有的阅读教材内容，很多教师也表示有类似的体会。如果让学生学习教材文本以外的知识，学生的兴趣度和掌握度都会大大提高。有趣且吸引学生的阅读课程首先应基于学生所处的环境与生活，或者说，学生所学课程的知识应具有一定的实用性。英语阅读教学中呈现的知识也必须具有其校园价值和生活价值。因此，教师有必要为学生创设一些灵活的变式内容，真正做到学生"愿意学、有所学"。

从一定意义上讲，对当前教学内容的优化可通过在线学习平台，在培养学生人文素养的同时，大幅度加入学术和专业英语内容，探索以培养"专业型英语人才"为目标的教学创新改革方案。与专业有关的英语阅读课程一方面不是单纯的语言课程，另一方面也并非是专业课程，而是将专业知识与语言应用相结合的课程。专业英语既包含着基础英语的一般特征，也会对专业内容与信息交流有所涉及，两者相互补充，相互促进。专业英语与基础英语的最大不同在于其有着非常多的长句，有着非常多的专业术语。此外，教师应该根据专业交流的实际需要，帮助学生对专业英语词汇以及语言的特点进行掌握，不断培养学生对英语知识的综合运用能力，让学生具备运用专业知识来解决实际问题的能力。

首先，教师根据自己所任教的班级专业，从国内外权威英文报刊选取合适的专业阅读文本，作为课堂教学的延伸和拓展。例如，美国的《科学》杂志、《经济学家》等报刊涵盖了最前沿的科技文章，综述和分析基于报刊阅读的学科动态有助于学生了解本学科领域内的专业前沿，拓宽学生的专业视野，同时提高英语学习的兴趣。

当前的英语教师仍不可能也无法做到完全脱离教材进行教学。基于教材的通用英语教学，作为当前混合式教学模式下线上教学的主要内容，有必要进行某种程度的改进。很多学生认为，当前的教学视频中缺乏创新和趣味性，基本以词汇和语法讲解为主。

因此，教师在制作视频时，不妨以单元文章的语篇分析为切入点，分析教材文本中的语言偏离现象，增强学生对语言的敏感度和兴趣度。在视频制作时，可引入时事热点解析、报刊解读、名人名言的赏析等。

关于在线作业，教师可忽略阅读等应试性强的板块，增加字谜题、闯关题等多样化的作业形式。教师也可以考虑从学生出发，让学生制作基于教材的学习视频，再上传至网络教学平台，通过与同学、教师的互动，创建各种形式的教学内容。

（2）教学平台方面

混合式教学资源与平台建设可有效促进线上与线下学习的融合。然而，目前很多院校没有专门的混合式学习平台，很多只是在数字化资源的基础上改造而成，这使得线上课程与线下课程资源的整合缺乏全方位的技术支撑，导致教学效果不佳。当然，很多学校会使用适用性较强的专门网络课程平台。

随着科技的更新与发展，学习平台的搭建与应用也逐渐呈现多样化。学生对当前的学习管理系统仍有很多的质疑。因此，为保证混合式阅读教学的质量，有必要为学生提供一个多元的混合式学习平台，克服已有学习平台的不足。多元化的混合式学习平台应根据学生的学习进度和特点实现灵活的同步和异步学习。教师和学生也可自主开发异步学习的方式，如自建在线平台、微信、微博等互动性较强的在线辅助教学手段。

通过自建网平台，可实现"按需选择"的自主学习方式，克服了已有学习管理系统的一些不足和不便之处。针对英语阅读教学中专业英语与文化传授的缺乏而设计出的自主学习系列课件，将专业英语素养与文化素养培养相结合，做到让不同专业的学生可以各取所需，点击自己喜欢的专业文章进行自主学习，克服了已有教学网络平台未从学生实际需要出发的弊端。

教学平台的优化需要混合式教学的教师结合所教课程的具体特点以及学生的学习风格、学习需求等，努力开发简单、易操作并能真正提高学生学习的多元化在线学习方式。同时，对于平台使用问题，校方、技术方和教师等应共同努力解决。

二、写作教学

（一）大学英语写作教学的内容

1. 结构

确定文章的结构是开展写作的前提，对文章整体表达影响深远。

（1）谋篇布局

谋篇布局是写作的必要前提，写作者可以根据写作目的选择适当的扩展模式。立足于篇章结构，结构指的是：引段—支撑段—结论段。对于不同题材、体裁的文章来说，布局方式存在很大的不同。例如，在议论性文章中，主题句主要用于对作者认为正确的观点进行陈述，扩展句主要是对说明的顺序扩展细节、阐述原因，结论句主要是对重要的论点进行总结。在说明性文章中，主题句主要用来对主题进行介绍，扩展句主要是通过时间、重要性等顺序对细节进行拓展，来借此说明主题，结论句主要是对主题进行重要论述，描述相关的细节。

（2）完整统一

完整统一主要是对包含例子、事实、原因等在内的细节都应该围绕主题进行展开。做到内容切题，与主题不相关的句子必须删除，同时要保证文章段落的完整性。

（3）和谐连贯

段落中句子的顺序和思路的安排都要具有逻辑性，句子与句子之间要有机地联系在一起，内容需要一环紧扣一环，流畅地展开，使段落成为一个和谐连贯的整体。运用正确且连贯的词或词组，可以把句子与句子有机地联系起来，使行文更加流畅，并能引导读者跟着作者的思路去思考问题。对于过渡语的使用一般可以进行"短文填空"的专项训练。需要指出的是，过渡词语不可不用，也不可滥用，需要确保结构流畅、简洁，避免冗长、累赘的描述。

2. 拼写和符号

拼写和符号属于学生的基础知识范畴，它主要考查学生单词的拼写和标点符号的正确与否。尽管拼写和符号都是细节方面的问题，但仍不可被英语写作教学所忽视。

（二）大学英语写作教学的原则

1. 以学生为主体

为了解决学生地位偏差的问题，在大学英语写作教学中，教师应遵循以学生为主体原则，即明确学生的主体地位，尊重学生的主体性，围绕学生展开教学。而只有激发了学生的兴趣，提高了学生的主动性，才能使学生成为学习的主体。总体而言，就是要学生积极参与教学活动，发挥学习的自主性，使学生积极自主学习，提高学生的写作能力。

2. 循序渐进

任何一件事情的顺利完成都是需要花费时间的，都是一个循序渐进的过程，大学英语写作教学也不例外。在英语写作教学中，循序渐进原则主要涉及以下几个方面。

（1）语言层面：由低到高。在语言层面，教师可以先让学生进行句子写作方面的练习，然后逐步过渡到段落与篇章的写作。由于课堂教学时间有限，教师可以将句子的写作训练穿插在其他技能课中，如精读和听说课。此外，教师可以设置组织各种训练活动，如连词组句、补全句子、合并句子、扩充句子等，学生对句子写作逐步熟练后，教师就可以增加难度，过渡到篇章写作。

（2）语法结构层面：由易到难。在写作过程中，很多同学都因语法欠佳而无法使用哪怕稍微复杂一点的表达，这样势必会影响输出效果，写作质量也不会太高。因此，学生一定要重视语法学习，掌握基础的语法结构，在此基础上掌握更为复杂的语法结构。具体来说，在写作学习中，学生要先掌握简单句，然后掌握复杂句和并列句；先掌握短句，然后掌握长句；先掌握陈述句，然后掌握虚拟句和感叹句。对教师来说，也要坚持循序渐进原则，在语法结构上由易到难，帮助学生巩固基础，进而攻克薄弱环节。

（3）话题层面：由熟到生。学生对于自己熟悉的话题往往更有写作兴趣，写起来也相对容易。因此，教师在写作训练中，可以先从学生熟悉又感兴趣的话题开始，等学生掌握一定的写作技巧后，可以让学生就一些社会热点问题等表达自己的观点，锻炼学生的写作水平。

（4）体裁层面：由简到繁。对学生来说，不同文体其写作难易程度各不相同。一般来说，记叙文的写作难度较低，其次是描写文，然后是说明文，议论文的写作难度最大。因此，在写作体裁方面，学生应从记叙文的写作训练开始，逐步向其他文体过渡。

3. 交际性

写作是一种重要的交际方式，其最终目的也是交际，因此大学英语写作教学应遵循交际性原则。具体而言，遵循交际性原则要求教师做到以下几点。首先，教学活动满足学生的即时需求，提高学生的交际能力。其次，写作教学活动要为学生提供写作交际的机会，使学生从中获得乐趣。最后，在修改活动中采用小组或同伴活动，加强学生之间的交流，让学生通过交流活动获得素材，从而为文章增添内容，锻炼学生的思维。

（三）信息化背景下大学英语写作教学的方法

利用当前的信息技术，教师可以充分激发学生学习写作的欲望，让学生积极掌握写作技能，规范自己的写作语言，进而提升自身的写作能力。可见，信息技术是当前大学英语写作教学的重要拓展手段。下面就针对大学英语写作教学融合信息技术的路径展开分析。

1. 鼓励学生运用信息技术支持英文写作

教师利用信息技术进行英语写作教学可以打破时空限制，实现写作资源的合理共享，并且充分补充英语教学资源。教师在英语写作教学中融合信息技术，可以让学生在网上搜索相关写作内容，并且对所搜索的内容进行整理与分析，把得出的结论最终应用到自己的写作内容中，顺利完成写作任务。

现代高校大学生都熟悉网络，每天都利用手机上网，对此，教师可以利用网络资源为学生增加写作的机会，充分激发学生对英语写作的兴趣，并在学生进行写作的过程中给予充分指导，形成一种和谐、融洽的交流氛围。

2.利用计算机文字处理程序辅助大学英语写作

当前，随着计算机技术的快速发展，人们可以利用计算机完成很多工作。在写作练习的过程中，学生也可以利用计算机快捷、方便的特点来完成写作任务，很多计算机中都带有对写作中的标点、大写、小写、拼写等进行检测的功能，那么学生就可以利用这些工具来检测自己所完成作文中的错误并进行改正。

其中，拼写、语法功能可以有效减少学生作文中的拼写、语法错误，编辑功能还可以帮助学生完善段落之间的连接、组织、转移等要求。另外，学生还可以利用添加、剪切、复制等来修改自己的作文。此外，很多计算机还带有词典，学生可以利用这一功能迅速找到自己想要使用的词，或者检查自己所使用词语的正确与否。

计算机文字处理程序的功能一定程度上减少了写作的重复劳动，省下了很多时间，因此学生能够花费更多精力在写作上，增强了他们对写作的兴趣和积极性。

第四节　大学英语翻译技能改革

一、大学英语翻译教学的内容

（1）翻译基础理论。学习翻译基础理论帮助学生从宏观上把握和决定组织译文的思路。组织译文的思路正确了，即使有一些小的错误，学生再改动起来也比较方便。如果思路不正确，整个译文就要推翻，重新组织。

（2）翻译技巧。在保持内容基本一致的基础上，根据原文的表现角度、方式进行改写，主要目的是为了保证有通顺的译文。常用的翻译技巧有调整语序、转换词性、正译与反译、增补与省略、主动与被动、句子语用功能的再现等。

（3）英汉语言对比。英汉语言对比不仅要在语言层面的语义、词法、句法、文体篇章上进行比较，掌握其异同，还要在文化层面、思维层面进行英汉对比，以便在传译过程中完整、准确、恰当地传达出原文的信息。

（4）翻译实践。翻译实践实际上就是讲授如何更好地翻译，特别是如何在翻译理论的指导下进行翻译。因此，如何科学合理地构筑翻译学的理论体系，并尽快将其运用到翻译教学中,也是翻译学研究的重要课题之一。

二、大学英语翻译教学的原则

(一)循序渐进原则

翻译能力的提高不可能一蹴而就,而是要经历一个过程。相应地,翻译教学也不能操之过急,应遵循由浅入深、循序渐进的规律,所选的语篇练习也应该是先易后难,逐步帮助学生提高翻译能力。从篇章的内容来看,应该是从学生最熟悉的开始;从题材来看,应该从学生最了解的入手;从原文语言本身来看,应该是从浅显一点的渐渐到难一些的。这样由浅入深,学生们对翻译会越来越有信心,兴趣也会逐渐增强,翻译技能也会相应得到提高。

(二)精讲多练原则

精讲多练原则主要包含两个层面:精讲和多练。翻译教学如果仅从传统教学方法入手,先教授后练习,那么是很难塑造好的翻译人才的。因此,在翻译教学中,教师应该不仅要教授,还需要让学生练习,在课堂上将二者完美结合。

(三)实践性原则

只进行翻译理论的教授很难培养出好的翻译人才,还需要进行翻译练习,这就是翻译的实践性原则。在翻译教学中,教师应该为学生创造更多的机会展开练习。例如,教师可以让学生去翻译公司实习,通过实际活动来进行体验。

三、大学英语翻译教学的现状

(一)教师对翻译教学重视不够

在英语教学实践中,翻译教学不受重视的情况比较普遍。

(1)英语教学大纲对翻译能力的要求不具体,这使英语教师在翻译教学中失去了明确的方向,对翻译技巧的讲授缺乏整体规划。

(2)翻译教材数量不足,质量上也亟待提高。

(3)英语考试中虽然包含翻译试题,但其所占的比重远远不如阅读、写作等,无形之中降低了翻译教学的重要性。

（4）从教学时间上看，教师花在翻译教学上的时间很少，通常是有时间就讲，没有时间就不讲，或只当家庭作业布置下去，由学生自己学习。

（二）教学模式落后

目前，很多教师在翻译教学中仍然采用"布置翻译练习—学生动笔翻译—教师提供答案并讲解译文中的词句"的模式进行教学。在这样的教学中，教师不仅是整个翻译教学的主宰者，占据了大量的课堂教学时间，还将翻译讲解与语言知识讲解混同起来，这不仅无益于学生翻译技能的提高，还容易挫伤学生对翻译学习的热情。学生在这样的课堂上很难提高翻译水平，更无法应对新四、六级考试中翻译题目的变化。

（三）教学测试不科学

由于英语翻译教学缺乏统一的教材和教学大纲，很多学校在教学安排上也都显得很随意，这就使翻译教学失去了重点，翻译能力测试评估不规范，翻译教学内容覆盖面较窄，翻译测试目的不明确，缺乏较为统一、客观、科学的评价体系与结果，且在测试中常常不会涉及学生翻译的技能测试，也就导致学生认为考试不考，所以也不会学习，最终无法巩固所学知识的现象，即翻译教学和测试不同步。此外，从四、六级考试上来看，英语翻译考试只占到了四、六级整体考试分数的5%左右，而听力及阅读占的比重非常大，从而导致学生对翻译学习的倦怠，甚至完全没有把翻译能力重视起来。

（四）学生翻译习作问题频出

翻译作为一项复杂的双语转换活动，需要学生掌握各种翻译技巧，然而从现实情况来看，很多学生由于语言基础不扎实，不能灵活使用翻译技巧，导致误译、错译频发。下面对学生翻译过程中常出现的几个问题进行举例介绍。

1. 不善处理语序

许多学生由于不熟悉汉英两种语言在表达逻辑与方式上的差别，在翻译时往往拘泥于原文的词序，导致译文牵强、别扭，甚至存在逻辑问题。例如：

And I take heart from the fact that the enemy which boasts that it can occupy the strategic point in a couple of hours has not yet been able to take the outlying regions because of the stiff resistance that gets in the way.

原译：我从这个事实中增强了信心：敌人吹嘘能在几小时之内占领战略要地，但到现在甚至还没有占领外围地带，因为受到了顽强的抵抗。

改译：敌人吹嘘能在几小时之内占领战略要地。但由于受到顽强抵抗，到现在甚至还没有占领外围地带。这一事实使我增强了信心。

本例原译按照原文的表达顺序进行翻译，致使译文读起来较为别扭。改译则根据原文的逻辑关系和汉语的表达习惯对译文做出了调整，从而使译文读起来更加清晰、明了。

2. 不善增减词汇

学生尤其是翻译水平较低的学生，在翻译的过程中，常常会受制于原文的形式，通常都是原文中有几个词，其译文也尽量保留几个词，不善于根据译文的需要而适当增减词量，这样翻译常会使译文显得烦琐、累赘。可见，不善于添加词或减少词也是译文中经常遇见的问题。例如：

Most of the people who appear most often and most gloriously in the history books are great conquerors and generals and soldiers.

原译：在历史书中最常出现和最为显赫的人大多是那些伟大的征服者和将军及军人。

改译：历史书上最常出现、最为显赫者，大多是些伟大的征服者、将军和军人。

原译中的译文虽然语义正确，但却有些啰唆。这就是逐字逐句翻译的结果。阅读原文后，我们发现，原文中的 in 可省略不译，前两个 and 也都可以用顿号代替，即改译为：历史书上最常出现、最为显赫者，大多是些伟大的征服者、将军和军人。

3. 翻译死板

在翻译文章的过程中，学生看到形容词往往就习惯性地将其翻译成汉语"……的"这样的形容词形式，导致整篇译文看起来"喋喋不休"，读起来就更加别扭。例如：

It serves little purpose to have continued public discussion of this issue.

原译：继续公开讨论这个问题是不会有什么益处的。

改译：继续公开讨论这个问题没有益处。

（五）学生文化知识储备不足

我国很多学生对英语文化知识的了解甚少，这也是造成他们在英语翻译中产生语误的主要原因。调查发现，现阶段我国大专院校在英语翻译的教学中通常都很少会涉及与英语相关的文化知识，也就使得学生对西方民族文化的习惯、信仰以及价值观等方面背景知识文化不甚了解；同时，学生在英语翻译的学习中并没有对英语单词在不同句子中的不同含义进行了解，他们翻译英语只会根据字面的意思来进行翻译。

（六）师资力量较为薄弱

大学英语翻译教师大多都是综合类教师，而并非翻译专业毕业，由于他们并不是很擅长翻译理论和翻译技巧，加之毕业后与社会严重脱节，因此他们很难切实用理论去指导自身和学生的翻译实践。而在这种师资队伍的带领下，很多学生对翻译完全摸不着头脑，教师也干脆有时间就讲，没时间就不讲，因此学生并没有接触到系统的翻译训练。

（七）教学课时不足

翻译教学课程所占用的课时不足。在一节课短短的45分钟内，如果教师既要详细地解释翻译理论，又要指导学生进行实际的翻译实践，那这一节课的时间就不够用。所以通常情况下，教师在课堂上只是讲解翻译理论，而将翻译练习当作家庭作业布置给学生，由他们课下去完成，然后在下一堂课再评讲练习。

四、信息化背景下大学英语翻译教学的方法

在翻译教学中，教师可以利用与教材配套的多媒体光盘辅助教学，不过，由于各个学校的多媒体设备资源配置不同，而且教材所配套的光盘往往在内容上缺乏系统性，所以教师需要酌情使用。对此，最好的方法就是教师可以根据教材内容自己动手制作课件，然后利用多媒体播放。多媒体课件的制作过程相对烦琐，需要依据具体的教学过程、教学内容、教学目标、教学媒体等，只有将这众多条件融合在一起，并体现互动性原则，方能制作出优良的多媒体课件。当然，这样

的课件对于学生翻译能力的提升也是大有裨益的,可以促进不同层次的学生的翻译能力都能得到不同程度的提升。

为此,在进行翻译教学活动之前,教师可以利用声音、图片、动画等教学辅助手段来刺激学生的学习兴趣,使学生在学习过程中始终保持较好的兴趣,将枯燥的翻译理论变得生动、有趣。针对具体的教学过程,教师在其中不仅要教授学生英汉互译的技巧,还需要补充中西方文化背景知识,让学生对翻译理论形成一定的系统认知。虽然教师在翻译教学过程中所使用的教学模式相对陈旧,但在内容与形式上与传统的翻译教学已经大不相同。这种不同主要体现在如下方面。

(1)形式上不再是单调的板书形式,而是以媒体形式呈现,节约了大量时间。

(2)内容上是针对不同层次的学生展开的,在课堂上由教师指导和学生自主选择,这有利于改善课堂教学的氛围。

第六章　信息化背景下大学英语教学评价的多元化改革

本章的主要内容为信息化背景下大学英语教学评价的多元化改革，具体的内容包括大学英语教学评价概述、大学英语教学评价的基本原则、大学英语教学评价体系的构建、大学英语教学评价创新路径。

第一节　大学英语教学评价概述

一、教学评价的界定

很多人一提到评价，就将其与评估、测试等同起来，其实三者有着一定的区别与联系。简单来说，测试为评估与评价提供依据，评估为评价提供数据，评价是对教与学效果的整体评估。三者的关系如图 6-1-1 所示。

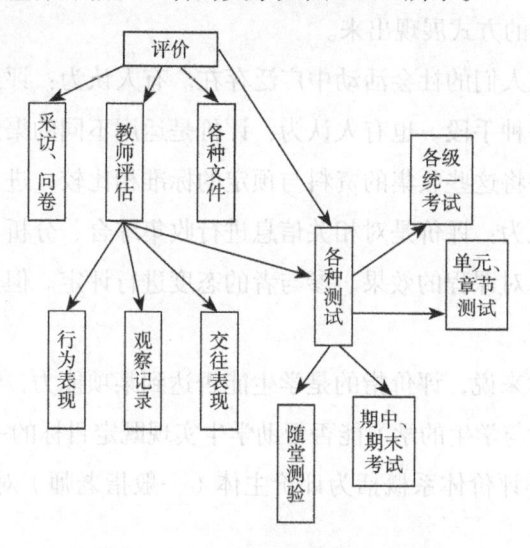

图 6-1-1　评价、评估与测试的关系

从图 6-1-1 中可知，三者既有紧密的联系，又有明显的区别。就关系层面来说，三者体现了一种包含与层级的关系，测试充当其他两者的支撑信息。在存在包含与层级关系的同时，三者又存在明显的区别，具体表现为如下三个层面。

（1）三者的目标不同。就某一程度来说，测试主要是为了满足家长、学校的需要，因为他们需要知道自己的孩子或学生的情况，且与其他学校是否存在差距。当今社会仍旧以应试为主，因此测试为家长、学校提供了很多信息，也是家长、学校关心的事情。评估主要是为教师、学生提供依据，如学习效果、学习中遇到的问题等，有助于教师提高教学的质量，也有助于学生提高自身的学习效率。评价有助于行政部门制定政策，对教学进行合理配置。可见，三者的作用不同，导致开展的范围与采用的方式也有明显的不同。

（2）三者的数据信息不同。测试所收集的数据一般是学生的试卷信息，反映的也是学生的语言水平。从学生的语言运用能力来说，有些部分是无法用测试来评判的。评估可以划分为终结性评估与形成性评估两大类，前者依据的是测试，后者依据的是教与学的过程，注重学生对任务的完成、概念的理解等层面。当然，其依据更多的是定性分析，而不是定量分析。评价所依据的信息多为问卷、访谈、测试、教师评估等，是定量分析与定性分析的结合，是一种综合性评估。

（3）三者的展示方式不同。测试的展示方式往往是考试，这在前面已经有所论述，最终结果也通过分数排序来展现。而相比之下，评估与评价往往是以鉴定描述或等级划分的方式展现出来。

总之，评价在人们的社会活动中广泛存在。有人认为：评价是确定课程能否达到既定目标的一种手段。也有人认为：评价是运用不同的渠道，对学生的相关资料加以收集，并将这些收集的资料与预定的标准相比较，进而做出判断与决策的过程。还有人认为：评价是对相关信息进行收集综合、分析，从而用这些信息促进课程的发展，对课程的效果、参与者的态度进行评定。但是，更多的人将评价等同于价值判断。

就英语教与学来说，评价指的是学生能否达到某项能力，学生能够实现课程目标，教师的教学与学生的学习能否帮助学生实现既定目标的一种判断手段。

也可以将教学评价体系概括为评价主体（一般指老师）对客体对象（学生）

的学习过程以及最后呈现的学习结果所做出的判断。[①]

二、教学评价的划分

由于评价的方式、内容等存在明显的差异，因此对评价的划分也有所不同，具体而言可以划分为如下几种。

（一）过程性评价与目标达成评价

所谓过程性评价，即在学习过程中，对学生的学习活动进行评价与判断，目的在于对学生的学习行为能否与学习目的相符进行解释，且用于评判学生能否实现学习目标。评价的内容包含学习策略、阶段性成果、学习方式等。

目标达成评价既可以是对课堂教学目标达成情况的评价，也可以是对单元学习目标达成情况的评价，还可以是对学期教与学目标达成情况的评价，其包含理解类、知识类与应用类三种目标达成评价方式。理解类目标评价方式表现为解释与转化，往往会采用阅读理解、听力理解等方式，会对阅读文本、听力文本进行选择与匹配等。知识类目标评价方式主要表现为对知识掌握情况的评价，并采用再次确认的方式，一般选择填空都属于这类评价方式。应用类目标评价方式即采用输出表达的方法，要求学生根据阅读与听力材料，进行转述或表达。

（二）表现性评价与真实性评价

所谓表现性评价，是指让学生通过完成某一项或者某几项任务，将自身所掌握的知识与技能表现出来，从而对其获得的成就进行评价。简单来说，表现性评价就是通过对学生完成任务的表现情况及获得的成就进行的评价。表现性评价属于一种发展性评价，其核心在于通过学生完成现实的任务，将自身所掌握的知识与技能展现出来，从而促进自身学习的进一步发展。一般来说，表现性评价具有如下几点特征。

（1）属于教学过程的一部分，其要与课程教学相互整合。

（2）其关注的是学生知识与技能的发展，而不是对知识与技能的再次确认与回忆。

---

① 肖艳，徐媛媛，刘贝贝.大学英语教学评价模式的构想和实践[J].海外英语，2020（07）：108-109.

（3）一般情境都是真实的，往往需要学生将现实学习中遇到的问题进行解决。

（4）学生需要完成的任务一般较为复杂，往往需要学生将多个学科的知识与技能相融合。

（5）对于学生的发散性思维是非常鼓励的，也允许不同的学生给出不同的答案。

（6）其是形成性评价与终结性评价的结合。

综合来说，表现性评价有助于对学生的学习过程与学习结果展开更真实、更直接的评价，能够将学生的文字、口头等表达能力以及想象力、应变能力等很好地展示出来，因此对于英语教学是非常适用的。

所谓真实性评价，是指基于真实的语境，对学生的表现进行评价，是一种要求学生完成真实任务之后，对自身所学知识与技能的掌握与运用情况进行的评价。与表现性评价相比，真实性评价更加强调真实，即任务的真实，一般来说其任务都是人们现实生活中遇到的问题。

真实性评价也具有表现性评价的那些特征，是表现性评价的一大目标。由于真实性评价要求评价成为教学过程的一个重要组成部分，因此真实性评价也具有形成性评价的特征。同时，真实性评价又注重任务的整体性与情境性，对终结性测试有很大的影响，因此真实性评价又具有终结性评价的特征。可以说，真实性评价融合了多种评价手段，是多种有效评价手段的结合。

（三）形成性评价与终结性评价

所谓形成性评价，即在教与学的过程中，通过对信息进行收集与整合，进而促进教与学的发展。简单来说，形成性评价即在教学过程中，教师与学生获得反馈信息，对教与学加以改进，让学生真正地掌握知识的系统评价手段。一般来说，形成性评价具有如下几个特点。

（1）往往作为教与学的一部分而在教与学过程中呈现。

（2）不是将等级划分作为目标，而主要是将指导、诊断、促进等作为目标。

（3）学生往往充当主体的作用参与其中。

（4）评价的依据是在各个情境下学生的表现。

（5）通过有效的反馈，教师确定学生的水平是否达到预期。

形成性评价集过程性评价、真实性评价为一体，其对大学英语教学有着广泛的意义，具体而言总结为如下几点。

（1）改进学生的学习。形成性评价可以将教材中的问题凸显出来，这便于改进学生的学习。教师在批改完试卷后，会将试卷返回给学生，学生通过与答案进行比对，从而发现自己学习中存在的问题，并进行改正。

如果教师在评阅时发现很多学生都会遇到同一问题，这时候教师可以在课堂上进行讲解，为大多数学生答疑解惑。

当然，面对不同的学生，教师在给出建议时要考虑符合学生的形式，单独进行讲解，这样才能让学生把握和理解。

（2）强化学生的学习。形成性评价有助于强化学生的学习，因为通过教师的肯定，能够激发学生进一步学习的积极性，从而提升自己的认知与情感。

（3）记录学生的成长。无论学生学习什么内容，都期待自己可以获得进步。同样，在形成性评价中，教师需要根据学生平时的表现来进行评价，无论是每一堂课的表现还是每一个单元的表现，教师应该将这些表现记录下来，从而构建一个成长记录袋或者电子档案，这不仅可以为之后的评价提供依据，还可以为终结性评价提供参考。

所谓终结性评价，是一种对教师的教学与学生的学习结果的评价，是在教学结束之后，对教与学目标实现程度所进行的评价。因此，其又可以称为"总结性评价"。从定义中可以看出，终结性评价往往出现在教与学结束之后，用于对目标达成情况进行评价。因此，这一评价方式有时可以等同于之后要讲述的目标达成评价。

对于教学而言，终结性评价是一个普遍的评价手段，但是其作用是不可磨灭的，具体表现为如下几点。

（1）评定学生的学习成绩。在教学中，终结性评价最常见的用途在于评价学生的学习成绩。通过平时测试、期中与期末测试，教师可以了解学生是否有所进步、是否实现既定目标，从而为学生下一步的学习提供建议。

一般来说，终结性评价的总体成绩是平时测试、期中测试、期末测试的综合体。也就是说，在进行评价时，教师应该把这些成绩综合起来评定，最终获得学生的总体成绩与平均成绩。

（2）确定学生的学习起点。终结性评价的结果可以为学生进一步的学习提供依据，同时能够反映出学生的情感与认知。但是，要想将这一评价发挥出最大作用，还需要结合学生具体的分数以及教师对学生的评语，这样才能帮助教师作出合理的评价。

（3）对学生的学习提供反馈。终结性评价大多在某一阶段结束之后或者某一学期结束之后展开。如果其测试的是学生某一阶段的学习情况，那么所选择的试题应该能够反映学生这一阶段的学习情况，这就是说这一阶段的终结性评价可以为学生前一阶段的学习提供反馈，且这种反馈具有鼓励性与积极性，同时还能对前一阶段学习中出现的问题进行纠错。

如果其测试的是学生某一学期结束之后的学习情况，那么所选择的试题应该经过合理的编制，并且教师要对学生的学习情况进行恰当评分。同时，学生可以从自己的测试结果中获取有效信息，从而改进自己的学习情况，了解自己学习中存在的问题以及成功之处。这些信息有助于为下一学期的学习确定目标。

三、英语教学评价的功能

英语教学评价能够不断促进学生在学习过程中的成功与进步，从而使学生能够真正地认识自我，促进他们综合能力的发展。另外，英语教学评价能够为教师提供反馈信息，从而不断改进自己的教学情况，提升自身的教学水平。总体而言，英语教学评价有如下几点功能。

（一）导向与促进

英语教学评价应该有助于英语教学目标的实现。我们知道，英语教学评价不仅需要评价学生对知识的掌握情况，还需要评价学生的学习态度、发展潜能等，只有通过综合性评价，学生才能在英语学习中保证积极的态度，从而形成有效的学习策略，并且具备跨文化的意识。英语教学评价应该为英语教学目标服务，这样就要求学生从目标出发，制订自己的学习计划，并不断检验自己的学习方法与学习成果，这样才能将自身的潜力挖掘出来，提升自身的学习效率。因此，英语教学评价对于学生来说有着积极的导向作用。

英语教学评价涵盖的面很广，不仅会对学生的日常学习表现进行评价，还会对学生在学习中获得的成绩进行评价,甚至会对学生的学习态度以及学习情感进行评价。通过这种方式来激励学生进行学习,帮助学生对自己的学习过程进行调整和调度,增强学生的成就感、自信心,还能在此过程中,使得学生的合作能力得到提高。为了让评价与教学过程有机融合,学校与教师应该采用宽松、开放的评价氛围来评价学习活动与效果,可以建立相应的档案袋,这样对教师与学生进行鼓励,从而实现评价的多元化。

(二)评判与鉴定

英语教学评价对教与学的情况进行了整体评判。在教学过程中,学生往往会通过评价量表等对教师的教授情况、学生的学习情况展开检测,这样便于学校、教师、学生了解具体的教与学情况,判断学生学习过程中有无偏差,从而找出出现问题的原因,并加以改进与提高。

(三)反馈与调节

师生通过问卷访谈等,发现教与学中的优点与不足,对教与学过程中的得失进行评价。通过评价,教师以科学的方式反馈给学生,促进学生建立更为全面与客观的认识,为下一阶段的教与学规划内容与策略,有效地开展教与学活动。

(四)展示与激励

英语教学评价对学生的学习过程是非常关注的,要让学生认识到自身学习中的成功之处,不断得到鼓励,从而获得更大的成功。当然,教师还需要适当地提点学生学习中的错误,让他们产生一种发愤感,从而更加勤奋地参与到英语学习中。这种正反鼓励方式,都会不断提高学生学习的主动性与积极性。

四、大学英语教学评价的现状

(一)评价目标滞后

尽管我国的教育改革由来已久,而且在不断地深化,但是,考试仍然是一种重要的和主要的人才选拔方式。

首先,无论是老师还是学生在这样的大背景下都把注意力集中在考试上,考试所考的内容就是老师所教的内容,老师所教的内容就是学生所要学习的内容。

对于不会进行考试的内容就不去理会，不去教，这就造成了以考试为中心的教育以及教学规律被忽略的现象。

对学生来说，除了课堂上的有限时间，课下几乎没有进行语言实践训练与应用的机会，也就谈不上语言总体水平的提高了。甚至有些地区实行统一标准，大搞课堂教学统一模式，教学评价统一测试，统一标准，根本无视学生各方面的差异性。

其次，由于受传统观念的影响，很多教师忽视了对学生能力的培养，把英语仅当作知识来传授。这样培养出来的学生英语的书面交际能力也很差，更不用说口头交际能力了。

最后，传统英语教学的一个显著弊端在于重知识、轻能力，这一现象对教学评价也产生了很大的影响。翻阅各种各样的英语试卷可以发现，语言知识方面的测试较多，而语言能力方面的测试则很少，尤其是口语方面的测试更是难得一见。显然，这些以语言知识评价为主的测试并不能如实地反映学生的英语水平，也无法为他们英语综合运用能力的提高起到指导和促进作用。

（二）评价内容死板

在传统的课堂教学评价中，各项评价指标都非常的完善，基本上所有的指标都有着固定的要求，比如明确的教学目标、合理安排教学进程、精炼课堂提问、恰当使用多媒体教学、美观大气的板书设计、自然的教态、流畅的语言等。虽然这样的要求能为教师组织课堂教学提供一定的参考标准，但很多情况使得课堂教学一直在迎合评课标准的设计，虽然表面上覆盖面非常广，环环相扣，实际上忽视了教学实际情况以及学生的学习需求。为了达到以上这些课程评价标准，有的教师还会经常设置问题情境，在课堂上呈现出师生、生生之间的交流与互动，虽然学生有着非常大的兴趣，但是之后的检测却不尽如人意，学生实际掌握知识的情况以及所形成能力差强人意。尽管这样的课堂教学非常有趣，但是没有有效性，这就是过分追求预定教学目标的完成，导致教师对于学生认知能力以外其他发展的关注的缺失，导致教学缺乏灵活性和变通性。什么时候上课，什么时候提问，用多长时间来给学生回答问题，以及学生会如何作答，这些都在老师的脑海中，整堂课就是老师的一场演出，而学生只是作为一个旁观者被动地接受并配合。老师们努力地引导学生得到所预定的答案，既不会随机应变，更不会在学生思维出现阻碍时进行点拨，整堂课下来，教师和学生都沦为教学流水线上的机器，完成了教学任务，但效果却并不尽如人意。

(三)评价方式单一

考试是我国目前英语教学中使用最多，甚至是唯一的一种评价方式。人们对考试的过分倚重很容易带来以下问题。

1. 考试结果不能真实反映教学成果

考试通常在一个学期的中间或学期末开展，考查的内容跨度较大，范围过于宽泛，无法全面体现学生在日常学习中的进步和成就，因而其评价结果无法反映真实的教学效果。另外，由于考试大多采用笔试的方式进行，且涉及的真实情景也少之又少，许多项目与学生所学和实际应用没有联系，这也在很大程度上影响了考试评价的信度及其对教学活动的指导作用。无论考试多么想要接近真实的情景（如让学生写一篇文章，在对话中扮演一个角色等），学生也会因为考试环境、考试规则等因素而无法全面、如实地展现自己，因此，仅仅靠测试很难真实地反映教学成果。

2. 不利于激发学生的创造性

考试制度下的教师和学生往往为了考试、为了高分数去教、去学，反反复复地做题和试卷。学生成了考试的机器，教师成了判卷专家。学生考出来的"好成绩"不仅不能反映学生的真实水平，还扼杀了学生的学习积极性和创造性。

3. 不利于学生的身心健康

考试时，由于学生数年所学都要在短短的几个小时内受到检验，而检验结果又直接关系到未来的命运，因而考场的气氛也异常紧张、压抑，这也给很多学生造成了非常大的心理压力和心理伤害，一旦考试成绩不好就丧失自信心，甚至产生更严重的后果，这不能不说是过分依赖考试这种评价方式所必然导致的恶果。

第二节 大学英语教学评价的基本原则

一、主体性原则

所谓主体性原则，即英语教学评价主体需要考虑教学价值主体本身——学生的需求，对教学价值客体进行评价。

在学习中，学生处于主体地位，但是传统的英语教学评价将教师放在核心地位，认为教师应当充当教育主体，是知识的灌输者，而学生仅是知识的被动接受者，这样导致教学评价主要是针对教师来说的，评价的内容也主要是教师的教学情况。如表6-2-1所示是一个典型对教师评价的体现。

表6-2-1 教师课堂教学评价表

项目	内容	权重	得分
教学目标	（1）是否体现明确的教学目标、教学大纲、教材的特点，是否与教学实际相符 （2）是否落实了教学知识点，是否培养了学生的能力 （3）是否将德育寓于知识教育之中	15	
教学内容	（1）教材的处理是否恰当，是否突出了重难点，是否突破了重难点 （2）教学组织是否有清楚的条理，是否简明扼要，是否准确严密，是否难度适中 （3）教学训练是否定向，是否有广度，是否保证强度适中	25	
教学方法	（1）教学的设计是否得当，是否体现了教学改革的精神，是否处理好主导与主体之间的关系问题 （2）教学是否有合理的结构，是否做到教学方法的灵活性，是否将各个环节分配恰当 （3）教学是否有开阔的思路，是否采用现代化的教学手段，是否能够将学生的学习兴趣激发出来 （4）教学是否注重学习方法与学习习惯的指导	25	
教学基本功	（1）教学中是否运用了清晰、生动、规范的语言 （2）教学中是否保证书写的清晰与特色鲜明 （3）教学中是否有自如的神态，且保证大方得体	15	
教学效果	（1）教学中是否保证热烈的气氛，是否给学生留下了深刻的印象 （2）教学中是否能够面向全体学生，是否完成了教学任务，是否实现了良好的教学效果	20	
综合评价		总分：	等级：

显然，从表中可知这类评价主要是评价学生能否接受教师传授的知识以及接受的程度；评价学生的学习情况来对教师的教学内容与教学方法的合适程度进行审查；评价教师的学习策略是否得当等等。简单来说，这种教学评价是为教师服务的，并没有展现出学生的主体地位。

当前的教学强调有效教学，即发挥学生的认知主体地位，因此教学评价的对象需要从以教师为主导转向以学生为主体，对学生学习情况的评价内容与手段应该从单一转向多元，如对学生学习动机、学习兴趣等都可以进行评价。基于此，教学评价的对象才能转向学生，当然这里并不是说不对教师进行评价，只是说以学生的评价为着眼点，为学生创造更多适合其学习的环境，且对教师的评定标准也是考虑学生来制订的。

因此，主体性原则要求将学生作为评价主体，即评价活动以学生的发展作为目标，评价设计要有助于学生的多元化、个性化发展，发挥学生的主观能动作用，帮助学生形成积极的态度，同时不能损害学生的自尊心，要对学生予以爱护与尊重。

二、过程性原则

英语教学评价应该坚持过程性原则，这主要体现为两点。

（1）要全程性，即评价要在学生学习的全过程得以贯穿。

（2）要动态性，即对发展过程加以鉴定、诊断、调控等，对整个过程的发展方向加以把握。

英语教学评价对于过程评价非常关注，正是这一点，有助于提升学生的学习兴趣，增强学生英语学习的动机与主动性，从而有助于学生自主学习。

三、多样化原则

英语教学评价应该坚持多样化原则，这主要体现为三大层面。

（1）评价主体要多样化，即不仅涉及教师，还涉及家长、学生等，通过宽松、开放的评价氛围，对教师、家长、学生的参与予以鼓励。

（2）评价形式要多样化，即对学习过程予以关注，要从不同的内容与对象出发，考虑采用自评、互评等多元化的评价方式。

（3）评价手段要多样化，可以是教师观察，可以是学生量表等，教师从不同学生的学习差异与策略出发，采用恰当的评价手段，选择适合他们自己的评价方式，从而彰显出学生自身的优势，让每一位学生都可以体会到成功的喜悦。

四、实效性原则

英语教学评价强调实效性，即主要是从教育的现实意义与评价行为等层面考量的，其要求在具体的评价实践中，能够将评价的实用价值体现出来。

英语教学评价的实效性原则体现在评价方式上是非常方便的，即不要使用烦琐的程序，但是要保证评价的时机与质量，因此在设计评价内容与方式时，不能与英语教学的目标相脱离，要非常关注评价之后产生的实际效果。

五、发展性原则

英语教学评价应该为学生的发展服务，注重学生信心的树立，发现学生发展过程中所出现的问题，通过反馈对这些问题进行解决，促进他们更好地向前发展。对于发展性原则，一般包含如下几点。

（1）发展性原则要求英语教学评价应该从学生主体出发，将学生的需求作为出发点与落脚点。

（2）发展性原则要求英语教学评价的目的是促进学生的发展，即只要是对学生发展有利的层面，任何手段与技术都可以运用其中。

（3）发展性原则要求英语教学评价对每一位学生的个性特点与原有基础有所把握与关注，从而为每一位学生获得最佳的发展而做出努力。

通过评价，教师才能更好地引导学生，对学生的原有基础、认知水平等进行鉴定，认识自己在发展过程中的不足，从而有针对性地进行改进与调整，对自己的学习过程进行优化，使自己获得最佳的发展。除此之外，发展性原则还要求教师对学生的态度、情感等进行关注，以帮助学生形成正确的价值观。

第三节 大学英语教学评价体系的构建

一、网络评价系统设置

在网络影响下，英语教学评价体系也得到了进一步完善与发展。当前，基于互联网技术构建的英语评价系统有如下几个方面。

（一）网络实时评价系统

网络实时评价系统以网络通信手段为依托，通过利用文字、图像、音频、视频等方式进行相互交流，在沟通过程中实现具体的评价。利用这一评价系统，学生可以不再受时间、空间方面的限制，及时获取教师的有效反馈。这一系统可以帮助教师有效监控、管理学生的学习，可以大大提升学习效率。

（二）网络考试系统

网络考试系统通常涉及针对学生的考试系统、题库系统、自动批阅系统等。学生可以随时随地登录这一系统，从题库中抽取试题进行回答，在完成之后系统就会给出结果，系统会对学生的题目回答情况进行评判。教师可以利用这种系统进行阶段性测试或者综合性测试，学生也可以自由控制题型、时间、难度等。网络考试系统通常可以自动生成答案，并且给出评估报告，对学生的学习风格、学习效果、学习倾向等进行汇报。

（三）网络答疑系统

网络答疑系统一般包括在线讨论、互动交流两种形式。当前，很多外语教学网站中都设置了在线互动讨论区，学生在这个讨论区中可以自由发帖发表自己的学习看法与成果，并通过回帖与其他学生进行沟通与互动。网络答疑系统可以对学生提出的知识难点进行记录，教师可以通过系统记录的难点分析学生的学习情况，进而发现自己教学中存在的问题，及时调整与改变教学策略。通过网络答疑系统的搜索引擎功能，学生可以通过关键字搜索等技术快速得到问题的答案。

（四）网络多媒体考试系统

网络多媒体考试系统是针对网络在线考试系统的进一步改进之后所形成的。在传统文本考试的试卷上，网络多媒体考试系统增加了一些多媒体数据，如音频、视频、图像，漫画等，利用虚拟现实技术组建虚拟的考试环境，非常适合运用到英语网络教学评价中。网络多媒体考试系统使得全面、多元的评价成为可能。

二、互联网技术评价法

互联网技术评价法的评价过程可以划分为制定评价标准、应用评价标准进行测量、划分测量结果等级、给出评价结论四个步骤，如图 6-3-1 所示。

```
┌─────────────┐
│  制定评价标准  │
└──────┬──────┘
       ↓
┌─────────────┐
│ 应用评价标准进行 │
│     测量     │
└──────┬──────┘
       ↓
┌─────────────┐
│ 划分测量结果等级 │
└──────┬──────┘
       ↓
┌─────────────┐
│  给出评价结论  │
└─────────────┘
```

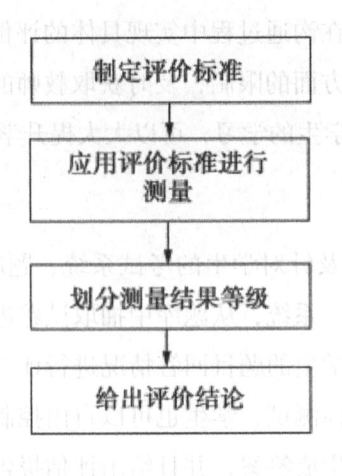

图 6-3-1 评价过程

（一）制定标准

对评价标准进行制定的过程就是将评价目标的主要属性逐渐分解为一系列的可以进行测量的、具体的指标的过程。将这些指标进行分类，就形成了一个比较完备的、能够体现评估目标主要特征的指标体系。在建立评估指标体系的时候，要注重列出可以体现目标的主要特征，合并一些交叉、重叠的指标。

我们很难直观看到多媒体作品的质量，因此，应该需要将可以反映多媒体作品质量的指标进行列举，比如界面、内容、技术等指标。但是这些指标依旧不够具体并且很难进行测量，这就需要对这些指标进行进一步的划分。内容可以反映多媒体作品质量，可以从以下角度入手进行判断：是否具备明确的主题、是否具备科学的内容、是否具备通顺的文字、有无错别字等进行评判。借助于这样的方式，划分出的每一个指标都是具体的、明确的、可测量的，都能够代表评价目标的主要特征。在经过这样的划分之后，我们就可以得到一个对多媒体作品质量进行评价的指标体系。

对于反映评价目标来说，每一个指标都有着不同的重要性，重要的程度我们可以借助于权重拉力进行表示。我们可以将每一个指标赋予一定的分值，通过分值在整个指标体系中来反映该指标的权重。

（二）进行测量

测量是依据评价指标体系，用数值来描述评价对象属性的过程。测量是一个事实判断的过程，即测量是反映评价对象的客观状态，不对这种状况进行主观评判。凡是测量都需要有测量的标准或法则，即测量的工具。教学中的测量工具不像测量身高用的皮尺、测量体重用的秤一样直观，需要评价者按照评价标准中的每一个指标对评价对象做出实事求是的判断。

（三）划分等级

在对评价对象进行测量完成之后，对于测量的结果，教师需要进行界定，审核这个结果处于一个什么样的程度。一般来说，对于测量结果的界定，采用划分等级的方法，举例来说，在百分制计分的测量中，九十分之上为优秀；良好是80—90分；中等是70—80分；合格是60—70分，不合格是60分以下。在对测量等级进行划分的时候，可以使用定量评价与定性评价这两种方式相结合的方式，实现优势互补，发挥两者的最大评价优势。

（四）评价结论

评价的最后一步是根据测量结果对评价对象进行价值判断，给出评价结论。评价结论包含了被评价内容能否通过评价的判定，有时候也会对评价对象达到什么水平进行界定，并且对评价对象的优势与不足做出判断。根据以上的过程来看信息技术教学评价，可以发现教学中通常采用的纸笔考试并不是评价的全部。考试是评价中的测量环节，考试成绩（即测量的结果）并不是评价要得到的唯一和最终结果，如何使用学生的考试成绩分数是每一位教师都应该关注的问题。

三、网络测试法

在互联网教育背景下，测试是最基本的方式。一般来说，测试分为网络随堂测试、网络期中测试、网络期末测试三种。

网络随堂测试是在一节课中对当次课堂教学的知识和技能进行评价的方式。这种评价应该围绕教学目标，对当次课的教学重点和难点进行测验，以检测学生的学习效果。在开始上课时教师还可以组织诊断性评价，对以往学习的知识和技能进行测验，了解学生对原有知识和技能的掌握情况，为本次课的教学提供支持。课堂测验属于形成性评价，为改进教学提供了依据。

网络期中测试通常是在一个学习单元或模块学习结束以后，对整个模块涉及的主要教学目标进行测验。单元测验主要检查学生对整个单元模块知识和技能的掌握情况。网络期中测验涉及的教学目标比课堂测验多，在进行测验时应该设置对单元、模块知识和技能综合运用的项目，涉及的教学目标类型往往为掌握、分析、综合、评价层次，以检测学生的总体把握情况和对单元知识灵活应用的能力。网络期中测验属于形成性评价，是为改进整个单元、模块的教学服务的。

网络期末测试是对课程的总结性评价，是检查学生学习成就和教师教学效果的重要方式。网络期末考试应该从课程整体目标中的重点、关键点、难点出发，检查学生对基本概念、基本技能、核心知识、主要方法等的掌握情况。网络期末考试可以采用上机测验、作品制作等相结合的方式进行。在评价时可以兼顾学习过程中学生的表现，最后对学生做出总体评价。

四、学习档案评价法

学习档案评价法是当前应用较为广泛的评价方法。所谓学习档案评价法，是指对学生个体的各种信息进行收集。一般来说，其收集的内容具有多样性与动态性。

学习档案积累的材料代表的不仅仅是结果，而是学习过程与学习活动，其包含选择学习内容、比较学习过程、进行目标设置等。学习档案评价可以有效提高学生的自主学习能力。

在档案建立之前，教师可以组织家长与学生阅读学习大纲，理解档案构建的必要性，并对如何构建、使用进行指导，为以后有效地使用档案袋做准备。

五、自我评价法

自我评价表（self-evaluation questionnaire）的设计可以使用以下两种形式：一是量规，二是问卷调查表。

（一）量规

量规作为一种结构性的定量评价标准，通常从多个与评价目标有关的角度对评级指标进行细化，具有良好的可操作性和较高的精确度。

在对学生的学习进行评价时，评价的主观随意性可以通过运用量规得到有效的降低，既可以由教师进行评价，也可以由学生自己评价或者是同伴互评。若能提前发布量规，也可为学生的学习提供指导。

（二）问卷调查

问卷是一种以提问为主的方式，要求学生根据自身的实际状况作出判断，并作出解答的一种方式。采用问卷调查的方式，可以让学生在回答事先设计好的问题时，获得一定的感悟，进而让他们反思和审视自己的学习过程和学习结果，进而提升他们的自主学习能力。

第四节 大学英语教学评价创新路径

一、教材定位要合理

目前，大学英语教学课程可以划分为选修课以及必修课两种，二者是相互关联的，但又有很大的不同，但是这二者都是为了促进学生的整体英语水平的提高而服务的。在大学英语教学评价过程中应该重视二者之间的关系，同时对于差异性也应该进行关注，应该做好对大学英语教学评价教学的定位工作，在评价英语必修课的教学过程中，应立足于共同的英语基础知识，而在英语选修课教学评价期间，应根据选修课本身的特点以及相关要求进行英语教学评价，对于其差异性以及多样性应该高度关注，不仅如此，还应该在对大学英语教学的评价过程中，对传统的英语教学评价模式实现突破，以及突破刻板形式的英语教学评价模式，按照选修课本身的个性化特点以及要求，并根据大学学生的个体化差异以及个性化发展需求，努力探索多种新型、生动活泼以及灵活多样的大学英语教学评价方式，从根本上促进大学英语教学目标的实现。

在大学英语教学评价过程中应高度重视英语教材以及英语教学目标，以大学英语课程目标以及相应级别英语教学目标作为依据。部分大学英语教学评价应在国家或省市教育主管部门的指导下开展，还有一部分大学英语教学评价需要由大学院校组织实施，应最大限度以形成性英语教学评价为主。选拔性英语教学评价考试需要依据英语课程标准的具体要求，结合当地英语教学评价的实际情况，确定科学化的适用级别，进而制订出相应的考试要求。在大学英语教学过程中，大学英语教师应自始至终重视学生的情感教育，努力营造相对宽松、和谐以及民主的英语教学氛围。

二、借助丰富活动，提升大学英语教学评价效果

可以将大量的活动运用在大学英语教学评价过程中，以此进行教学评价，用多样化的方法以及全方位的内容实现对学生较为客观和准确的评价，将学生被动的学习转变为主动的积极的学习，将死记硬背变为轻松愉快的、有趣的学习。在大学英语教学中推行形成性评估，使学生能够自由地安排自己的学习活动和时间。它可以促使大学生在有目的性的条件下，逐步增强自身的自学意识和自学能力。大学英语教学评价应该是多种途径的，从改革方面对学生进行全方位的、客观的评价。教师通过开展不同形式的、有趣的教学活动可以充分调动学生的积极性，也能拓宽学生学习的途径。

英语教师可以借助一些展示活动，来科学化评价大学生的实际英语学习能力情况，发挥英语教学评价的积极作用。具体来说，从展示活动形式上来看，这种展示活动不仅可以表现为口头形式或者是书面形式，还可以按照大学英语的实际教学内容以及具体英语教学目标进行合理化设计，不同的英语教学内容与教学目标在英语教学评价上是存在一定差异性的。通常情况下，任务型大学英语教学评价活动的最后环节，都会设置有效的英语教学评价展示活动。例如，大学学生在学习了相应的英语单词之后，可以将其画出来，当学生绘画完成之后，教师再组织学生进行全班作品展示，还可以向其他学生介绍。除了大学英语课堂上的展示活动之外，还应该开展一些课下展示活动，教师可以组织在班级墙上设置一个专栏，然后指导学生把所学到的相关词汇或者是语句利用手抄报的活动方式有效表现出来，之后贴到专栏里，与大家进行分享。一般情况下，大学学生是有兴趣做手抄报的，而且这也是充分展示自己的好机会。由于该英语教学评价活动并没有任何的评价分数，因此可以在手抄报上自由发挥，写一句话也可以，写两句话也可以，或者是写更多都没有影响，尽管这种形式的大学英语教学评价活动不能对学生的实际学习成绩进行有效评定，但是可以在一定程度上起到相对较好的激励作用。在实际操作过程中，可以根据学生的实际兴趣爱好或者是特长等进行自由

发挥,若学生的学习能力相对较强,则不仅可以在手抄报上描绘已经学到的内容,还可以将其融入学生的课外学习内容中,主要包括网上所查询到的内容或者是课外书的内容。比如可以在手抄报上融合 My community 内容、people and country 内容或者是 My city 内容,发挥学生的想象力与潜力。

三、注意教学评价的时间控制

在大学英语的学生能力培养过程中,大学英语教学与英语教学评价都是重要组成部分。大学英语教学属于培养大学学生实际语言运用能力的重要环节,而大学英语教学评价属于及时监控大学英语教学过程以及英语教学效果的关键性手段,所以大学英语教师要科学处理二者关系,有效控制大学的英语教学评价时间,要使大学的英语教学评价服务于英语教学、反馈于英语教学,从而促进大学英语教学水平的提升。在日常大学英语教学以及评价过程中,仍然要将大量时间与精力放到英语教学过程中而不是英语教学评价过程中,平时的大学英语教学应避免为考而教倾向、不考不教倾向以及以考代教倾向,尤其要避免利用题海战术来干扰大学的正常英语教学做法。在实际英语教学过程中,英语教师要坚持以考查大学学生的语言运用能力作为主体内容与命题指导思想,从而使大学的英语教学始终立足于大学学生实际英语语言运用能力的进步和发展。

四、在英语教学评价中经常鼓励

在英语评估中高校英语教师应建立起一种新的评价理念,建立一套严谨、科学的评估方法体系,并与学生的家长和学校进行及时的沟通,实现密切合作,共同提高英语评估的质量。对广大教师而言,大学新型的英语教学评价是一个非常具有挑战性的领域,因此作为新事物不可避免会受到其他各个方面的压力甚至是阻力。但是,只要教师敢于实践,进行不断的探索与宣传,在课堂教学中运用形成性评价,让学校、家长、学生看到成效,就会使得这项研究得到认可。在英语评价过程中应高度重视对学生的鼓励,要根据高校具体的教学内容,进行符合高校实际的英语评价活动的设计,并要符合高校具体的教学内容。不管是构建学习档案,还是对课堂活动进行记录,或者是设计其他形式的评价活动,都应该建立在学生的实际水平基础上,并且要与学生的生活紧密地联系在一起,与课堂教学紧密结合，这样才能对学生的学习活动做出正确的、客观的评价。在教学过程中，当学生完成学习任务之后，学生应进行教师评价、自我评价、他人评价。作为英语教师应该鼓励学生参与评价活动，在原有的基础上，让学生获得成长和进步是大学新型英语教学评价的目的。

在大学英语教学评价过程中，尽量不要采用"罚"的形式。比如，将学生划分为几个小组，选出各小组组长，要求小组长们课前每人准备一张小便签，在课堂中老师一旦发现有学生违反课堂纪律，可点其名一次，组长则把其名记录在小便签上。一旦同一节课中一个名字有两次被记录在小便签上，组长可立即通报老师，老师口头批评，该同学课后的图贴奖励资格被取消。

参考文献

[1] 沈黎.大学英语教学研究[M].长春：吉林出版集团股份有限公司，2020.

[2] 蔡玲.大学英语教学实践探索[M].长春：吉林文史出版社，2021.

[3] 丁煜.大学英语教学多维探究[M].武汉：华中科学技术大学出版社，2021.

[4] 周雪.多元视阈下的大学英语教学研究[M].北京：中国商业出版社，2022.

[5] 王凤玲.信息化背景下大学英语教学的变革与探索[M].长春：吉林出版集团股份有限公司，2021.

[6] 郭向宇.教育信息化背景下高校大学英语教学改革模式[M].延吉：延边大学出版社，2020.

[7] 钟丽霞，任泓璇.翻转课堂模式下的大学英语教学改革及创新优化[M].长春：吉林大学出版社，2019.

[8] 冯改.大学英语教学模式问题与对策研究[M].北京：中国商务出版社，2017.

[9] 彭奕奕.网络信息技术与大学英语教学整合模式研究[M].北京：北京工业大学出版社，2018.

[10] 王亚非.现代大学英语教学改革的多元视角探索[M].北京：九州出版社，2017.

[11] 李洁.教育信息化背景下大学英语混合式教学模式构建与实践探究[J].教书育人（高教论坛），2023（03）：107-109.

[12] 王佳祺.信息化时代微课应用于大学英语教学的思考[J].英语广场，2022（31）：95-97.

[13] 胡雯.信息化背景下大学英语教学改革创新[J].佳木斯职业学院学报，2022，38（11）：61-63.

[14] 李婧.教学信息化背景下大学英语听说课堂教学评价模式研究[J].中国新通信，2022，24（16）：194-196.

[15] 靳成达. 信息化环境下人工智能在大学英语教学中的应用研究 [J]. 长春师范大学学报，2022，41（07）：163-165.

[16] 于欣宏. 教育信息化环境下大学英语教学模式创新研究 [J]. 山东商业职业技术学院学报，2022，22（03）：39-42.

[17] 笈文婷. 信息化语境下的大学英语教学生态系统重构 [J]. 佳木斯大学社会科学学报，2022，40（02）：269-272.

[18] 黄超英. 论信息化手段下的大学英语语音教学模式 [J]. 海外英语，2019（21）：84-85.

[19] 丁群. 信息化环境下大学英语教学现状及应用分析 [J]. 智库时代，2018（42）：117-118.

[20] 曹艳艳. 教育信息化背景下计算机辅助大学英语口语教学研究 [J]. 天津市教科院学报，2018（04）：75-77.

[21] 翟晨君. 大学英语教师信息化教学能力及影响因素研究 [D]. 济南：山东师范大学，2020.

[22] 鲁昱璇. 提升大学英语教师课堂导入技能的混合式课程设计 [D]. 上海：上海外国语大学，2020.

[23] 冯丹. 基于慕课资源平台的翻转课堂教学模式在大学英语阅读教学中的应用研究 [D]. 兰州：西北民族大学，2019.

[24] 贾振霞. 大学英语混合式教学中的有效教学行为研究 [D]. 上海：上海外国语大学，2019.

[25] 杨思雨. 混合式学习视阈下慕课在大学英语听力教学中的应用研究 [D]. 长春：吉林大学，2018.

[26] 许元娜. MOOC 资源在我国大学英语教学中的应用研究 [D]. 大庆：东北石油大学，2016.

[27] 刘子岚. 基于计算机和课堂的大学英语教学模式的教学评价体系研究 [D]. 石家庄：河北科技大学，2012.

[28] 傅珏. 信息技术支持大学英语写作教学的理论与实践研究 [D]. 武汉：华中师范大学，2012.

[29] 李洋. 信息化环境下大学英语自主学习教学模式应用研究 [D]. 开封：河南大

学，2010.

[30] 闫国超.大学英语听说教学中信息技术的应用策略研究[D].保定：河北大学，2009.